Introdução à leitura e produção de textos filosóficos

SÉRIE ABORDAGENS FILOSÓFICAS EM EDUCAÇÃO

Introdução à leitura e produção de textos filosóficos

Marcos Henrique de Araújo

sumário

apresentação, 13
como aproveitar ao máximo este livro, 17

1 Leitura e compreensão de textos filosóficos, 22

1.1 O desafio de ler textos filosóficos, 24
1.2 O que são textos filosóficos?, 28
1.3 A leitura de textos filosóficos, 36
1.4 A compreensão de textos filosóficos, 40
1.5 Da leitura à produção, 51

2 Textos filosóficos clássicos, 84
2.1 Autores pré-socráticos, 86
2.2 Autores socrático-platônicos, 91
2.3 Contexto histórico da filosofia aristotélica, 101
2.4 Autores helenísticos, 111
2.5 Caminhos para a interpretação de textos filosóficos clássicos, 116

3 Textos filosóficos medievais, 130
3.1 Contextualização, 131
3.2 Autores patrísticos, 138
3.3 Autores escolásticos, 151
3.4 Controvérsias sobre a realidade e a linguagem, 155
3.5 Caminhos para a interpretação de textos filosóficos medievais, 159

4 Textos de filosofia moderna, 172
4.1 Contextualização, 174
4.2 Renascença, 178
4.3 Iluminismo, 182
4.4 Racionalismo, 184
4.5 Empirismo, 188
4.6 Criticismo, 193
4.7 Caminhos para a interpretação de textos filosóficos modernos, 194

5 Textos de filosofia contemporânea, 204
5.1 Contextualização, 206
5.2 Friedrich Nietzsche e Martin Heidegger, 210
5.3 Existencialismo e estruturalismo, 216
5.4 Filosofia da linguagem e da mente, 221

5.5 Escola de Frankfurt e a teoria crítica, 226
5.6 Ideologias, 233
5.7 Caminhos para a interpretação de textos filosóficos contemporâneos, 244

considerações finais, 257
referências, 261
bibliografia comentada, 273
respostas, 277
sobre o autor, 281

A Milta Dudek, que me introduziu no universo da filosofia.
A Reinaldo Sampaio Pereira, orientador e inspiração.

A Cícero Bezerra, professor, doutor, amigo e incentivador.

apresentação

O livro que você tem diante de si, caro leitor, representa um pouco de uma caminhada de leitura, compreensão e produção de textos filosóficos. À medida que temos contato com o universo da filosofia, compreendemos a urgência de produzirmos textos filosóficos que auxiliem quem está tendo seus primeiros contatos com esse tipo de literatura. A definição de textos filosóficos que embasará esta obra diz respeito aos textos produzidos por pensadores que objetivaram fazer filosofia com seus textos.

Nosso objetivo é apresentar orientações para quem se interessa em ler, com propriedade e profundidade, textos filosóficos, para quem deseja a compreensão adequada do conteúdo, dos conceitos e dos argumentos usados pelos pensadores que produziram textos filosóficos em todos os períodos da história da filosofia e também para quem pretende produzir um texto filosófico com qualidade e profundidade.

Buscamos, portanto, selecionar um conteúdo que possa servir de guia teórico e prático para leitores iniciantes de textos filosóficos e um reforço para leitores mais experientes.

Para alcançar nossas pretensões, organizamos esse conteúdo em cinco capítulos.

O Capítulo 1 tem por objetivo explicar ao leitor o que significa ler com compreensão, o que são conceitos e argumentos, como se estruturam e se relacionam os elementos formativos de um texto filosófico. Com base na teoria da leitura analítica, apontamos uma orientação inicial para a leitura e a compreensão dos capítulos seguintes. Abordamos também a importância da coesão, da coerência, da argumentação progressiva e do contexto do texto.

No Capítulo 2, apresentamos uma exposição intencional dos elementos ontológicos, antropológicos e epistemológicos dos textos filosóficos produzidos no período histórico denominado *filosofia antiga*. Os textos clássicos de Platão e de Aristóteles ocupam o lugar central dessa exposição. Na parte prática, examinaremos como se faz a leitura analítica de um texto filosófico do classicismo grego antigo.

No Capítulo 3, avançamos em nossa exposição analítica apresentando as ideias principais dos pensadores da era medieval. Damos atenção especial aos textos produzidos pelos mais importantes Pais da Igreja e mestres da era escolástica. Agostinho e Tomás de Aquino recebem atenção especial por sua importância nesse período histórico. Na parte prática, faremos a leitura analítica de um trecho da *Summa Teológica*, de Tomás de Aquino.

No Capítulo 4, abordamos o contexto e as ideias dos principais pensadores da Era Moderna. Levando em consideração a feição epistemológica, abordamos textos produzidos por René Descartes, John Locke e Immanuel Kant. Na parte prática, examinamos mais de perto, a introdução do *Ensaio acerca do entendimento humano*, do empirista John Locke.

No Capítulo 5, concluímos nossa apresentação a respeito dos períodos históricos da filosofia examinando as ideias e o contexto dos pensadores da Era Contemporânea. As ideias do existencialismo, do estruturalismo, da filosofia da mente, da Escola de Frankfurt e das principais ideologia atuais são apresentadas e contextualizadas no ambiente caótico do mundo pós-guerra. Como exemplo de texto filosófico, fazemos a leitura analítica de um texto pós-moderno de Karl Popper, expondo seu pensamento a respeito do entendimento humano.

Recomendamos que este livro seja lido em sua totalidade e as atividades sugeridas sejam feitas no intuito de reforçar o entendimento e o proveito do conteúdo. As atividades foram elaboradas para que o leitor tenha a oportunidade de checar seu nível de compreensão e, assim, estar em condições de avançar ao próximo capítulo.

Boa leitura!

como aproveitar ao máximo este livro

Empregamos nesta obra recursos que visam enriquecer seu aprendizado, facilitar a compreensão dos conteúdos e tornar a leitura mais dinâmica. Conheça a seguir cada uma dessas ferramentas e saiba como estão distribuídas no decorrer deste livro para bem aproveitá-las.

Introdução do capítulo

Logo na abertura do capítulo, informamos os temas de estudo e os objetivos de aprendizagem que serão nele abrangidos, fazendo considerações preliminares sobre as temáticas em foco.

Importante!

Algumas das informações centrais para a compreensão da obra aparecem nesta seção. Aproveite para refletir sobre os conteúdos apresentados.

Preste atenção!

Apresentamos informações complementares a respeito do assunto que está sendo tratado.

Fique atento!

Ao longo de nossa explanação, destacamos informações essenciais para a compreensão dos temas tratados nos capítulos.

Síntese

Ao final de cada capítulo, relacionamos as principais informações nele abordadas a fim de que você avalie as conclusões a que chegou, confirmando-as ou redefinindo-as.

Atividades de autoavaliação

Apresentamos estas questões objetivas para que você verifique o grau de assimilação dos conceitos examinados, motivando-se a progredir em seus estudos.

Atividades de aprendizagem

Aqui apresentamos questões que aproximam conhecimentos teóricos e práticos a fim de que você analise criticamente determinado assunto.

Bibliografia comentada

Nesta seção, comentamos algumas obras de referência para o estudo dos temas examinados ao longo do livro.

1

Leitura e compreensão de textos filosóficos

Ler é um desafio, ler com compreensão é um desafio maior ainda. Mais difícil torna-se a leitura e a compreensão quando o objeto delas é um escrito filosófico.

Escrever textos filosóficos também é uma atividade complexa, cuja dificuldade dependerá do gênero dessa produção. Um ensaio filosófico, um comentário a uma determinada fração de uma obra podem representar um trabalho relativamente simples e de fácil elaboração e leitura. O capítulo de um livro ou mesmo um livro todo exigirão uma pesquisa mais profunda, esforço e aptidão maiores por parte do pesquisador/escritor.

Neste capítulo, explicaremos o que significa *leitura* e como podemos ler de maneira aprofundada e proveitosa. Ao aprendermos a ler adequadamente, o próximo objetivo será mais factível: compreender o que lemos. Para isso, é necessário termos diante de nós algumas orientações claras sobre como proceder.

Há um caminho a trilhar desde o primeiro contato com o texto filosófico até o nível da compreensão crítica. Esse caminho passa por uma elucidação do que é filosofia, qual é sua natureza, seu objeto e seu objetivo. Como qualquer outro texto de outros gêneros, o texto filosófico tem intencionalidade, porém metodologia e objetivos próprios. Há níveis de leitura, do mais elementar ao mais profundo.

Examinaremos também alguns passos importantes para a produção de um texto filosófico e alguns elementos imprescindíveis a um texto filosófico, como argumentação, coesão e coerência, apresentação de contextos biográficos e literários.

1.1
O desafio de ler textos filosóficos

O professor de Filosofia Antônio Joaquim Severino, em seu livro *Como ler um texto de filosofia*, introduz sua obra afirmando:

> A filosofia sempre ocupou um lugar proeminente na cultura ocidental. Pode-se até mesmo dizer que ela foi uma das principais forças que contribuíram para a construção histórica dessa cultura, pois todo o conhecimento científico e técnico que se encontra na base do edifício de nossa civilização emergiu sob essa modalidade filosófica, lá na Grécia clássica, cerca de 500 anos antes de nossa era. (Severino, 2014, p. 3)

Dada a importância da filosofia na formação da cultura ocidental, não ler filosofia ou relegar sua leitura a um segundo plano representa um retrocesso na construção desse edifício de nossa civilização. É de suma importância, portanto, ler e buscar compreender textos filosóficos.

Esse exercício constitui-se uma experiência intelectual sem igual, um "exercício de nossa faculdade de pensar as coisas, de apreender os seus sentidos, de buscar a significação que elas têm para nós" (Severino, 2014, p. 4). Essa experiência de "pensar o mundo", como explica Severino (2014), não pode ser uma experiência solitária, como algo realizado em um castelo de marfim, tampouco sem a companhia de outros que nos precederam e se dedicaram a filosofar.

Para não nos perdermos em divagações e nos embrenharmos em um pântano infindável de perguntas sem respostas, precisamos aprender com os que viveram antes de nós a fazer as perguntas certas, usar os melhores métodos para obtermos as respostas mais satisfatórias e, acima de tudo, chegar à verdade, objetivo último da filosofia e da arte de filosofar.

Há um caminho a ser seguido?

O caminho sugerido por Severino (2014) é a educação. Por *educação*, ele quer dizer aquilo que

> é, substantivamente, comunicação, e a escrita e a leitura, como sistema de signos linguísticos, formas privilegiadas de comunicação. Por isso, falar de escrita e de leitura é falar de comunicação e pressupor a intersubjetividade, dimensão graças à qual nossa existência se faz mediante um intenso e extenso processo de intercâmbio de mensagens. (Severino, 2014, p. 5)

Ler, compreender e escrever são atividades desejáveis quando o assunto é filosofia. Não fazemos filosofia sem que nos dediquemos à leitura atenta no intuito de compreendermos o que foi lido e, assim, podermos, num momento propício, escrever, formular conceitos, elaborar frases e parágrafos que contenham um raciocínio lógico e perfeitamente capaz de levar outros leitores a uma compreensão melhor por meio de um diálogo que se faz pela comunicação escrita.

Dessa forma, a escrita torna-se uma espécie de acervo cultural de inestimável valor para a humanidade. Nas palavras de Severino (2014, p. 6):

> A escrita torna-se, então, uma das formas privilegiadas da construção do acervo cultural da humanidade, da cultura como acervo de significações produzidas e acumuladas pela espécie, dos sistemas simbólicos que mais têm capacidade de guardar, sinteticamente, volumes

maiores de saberes, de experiências vividas, de significados que, sem ela, perderiam-se ao longo da passagem corrosiva do tempo.

A tradição oral, sistema defendido até mesmo pelo ilustre filósofo Sócrates, embora interessante, facilmente se perderia no vazio das vozes. Ao escrever, o pensador mostra-se mais do que um orador que se expressa em palavras e tem dificuldade de sustentar ou manter intactas suas teses e conceitos outrora expressos oralmente. Ainda bem que Platão, em desobediência a Sócrates, escreveu e tornou público os pensamentos de seu mestre.

A filosofia tem sido entendida, por seus estudiosos, como um diálogo que já dura mais de três mil anos. Ele iniciou-se na Grécia antiga, quando um de seus pensadores ousou afirmar que a água era o princípio de todas as coisas. Esse ilustre pioneiro foi Tales de Mileto. De lá para cá, o diálogo foi mantido e renovado de tempos em tempos, com novas publicações que reafirmam antigos conceitos, criticam e reformulam outros. Desse modo, como argumenta Severino (2014, p. 6), "ler os textos filosóficos deve representar, para nós, hoje, a busca de um diálogo com aqueles que nos precederam nessa tarefa de desvendar o sentido das coisas, ou daqueles que o fazem hoje, em diferentes lugares".

Ademir Antônio Engelmann e Fred Carlos Trevisan, no livro *Leitura e produção de textos filosóficos*, afirmam que

> A leitura, a compreensão e a escrita de textos associados à ação docente constituem o *ofício* do filósofo e, de certo modo, são indissociáveis. O exercício da ação docente pressupõe a leitura e a escrita, da mesma forma que a produção de texto deve ser orientada pela prática docente. (Engelmann; Trevisan, 2015, p. 17)

Ler, compreender e escrever formam, portanto, uma espécie de tripé da prática docente. Isso se aplica a qualquer área educacional, mas, principalmente, à área das humanidades. A leitura filosófica, nesse caso, é a prática mais recomendável a quem deseja desenvolver-se nesse quesito. Philippe Lacour, Maria Cecília Pedreira de Almeida e Gilberto Tedeia, autores do livro *Manual de introdução à prática filosófica* (2020, p. 41), explicam que ler filosofia se trata

> de enfrentar uma dificuldade comum, embora nem sempre reconhecida atualmente. É claro que, diante da grande oferta de leitura e informação, todos podem afirmar enfaticamente: "eu já sei ler!". Há uma faceta especificamente brasileira nessa dificuldade, pois ao longo dos vários cursos do Ensino Médio e mesmo no Ensino Superior, a avaliação da capacidade de compreensão na leitura não é sistemática. Assim, muitos sabem "ler", isto é, decodificar os símbolos que estão impressos no papel (ou na tela), mas, ao mesmo tempo, muitos não sabem "ler", isto é, compreender de modo significativo aquilo que está posto pelo texto.

Para esses autores, há uma diferença significativa entre *ler* e *compreender*. Segundo eles, há uma leitura que não pode ser considerada plena, que é aquela que apenas "decodifica os símbolos", sem, contudo, abarcar, compreender o texto em sua totalidade, abrangendo, nesse aspecto, o significado das palavras, a apreensão do conjunto das frases e parágrafos que formam o texto em sua integralidade e sua complexidade.

É importante ressaltar que, devido à sua vasta amplitude e à extensão do conjunto de sua produção, a filosofia, para ser devidamente compreendida, "requer paciência e dedicação" (Lacour; Almeida; Tedeia, 2020, p. 41) por parte daqueles leitores que se submetem a esse exercício. Além disso, os autores acrescentam a "natural dificuldade da abstração e da apreensão da tecnicidade do vocabulário" (Lacour; Almeida; Tedeia, 2020, p. 41).

Os autores sugerem, para contornar parte dos problemas encontrados no início, que o leitor atente para três ideias gerais:

1. Introdução.
2. Desenvolvimento.
3. Conclusão.

Ao ler um texto filosófico, o leitor será levado a perceber que, naturalmente, o texto fluirá nessa sequência básica, na qual há uma ordem lógica e progressiva.

Na introdução, quem escreve, invariavelmente, procurará identificar o problema, anunciará o percurso argumentativo e a questão a que deseja responder no seu texto. No desenvolvimento, parte mais extensa do texto, quem escreve lançará mão dos argumentos que confirmarão sua tese. Na conclusão, irá "recapitular os principais passos de sua argumentação e dar uma resposta à questão inicialmente proposta" (Lacour; Almeida; Tedeia, 2020, p. 42). Nada novo deverá surgir na conclusão, apenas o resumo do que já foi defendido no desenvolvimento do texto.

Seguindo essas orientações fundamentais, qualquer pessoa capaz de fazer uma leitura atenta poderá demonstrar sensível avanço na prática de leitura do *corpus* filosófico. O nível de compreensão será cada vez mais amplo à medida que houver uma prática contínua de leitura e esforço por compreensão dos textos filosóficos.

1.2
O que são textos filosóficos?

Antes de expor o que são textos filosóficos, convém definirmos o que é filosofia e em que ela distingue-se das demais ciências.

Geovani Reale e Danilo Antiseri, em *História da filosofia: filosofia pagã antiga* (2003a, p. 3), afirmam que devemos entender *filosofia* como "criação do gênio helênico". Ela não derivou de outras fontes procedentes do Oriente. Foram os gregos quem repensaram e recriaram "alguns conhecimentos científicos, astronômicos e matemático-geométricos" vindos do Oriente "em dimensão teórica, enquanto os orientais os concebiam em sentido prevalentemente prático" (Reale; Antiseri, 2003a, p. 3).

Seguindo a argumentação precedente, convém salientar que, se, por um lado, os egípcios "desenvolveram e transmitiram a arte do cálculo", a contribuição grega, principalmente dos pitagóricos, foi no sentido de elaborar "uma teoria sistemática do número"; se os babilônicos "fizeram uso de observações astronômicas particulares para traçar as rotas para os navios" a contribuição grega fez-se perceber na transformação dessas observações "em teoria astronômica orgânica" (Reale; Antiseri, 2003a, p. 3).

Os gregos tiveram o mérito de instituir a filosofia como "novidade absoluta". Essa mudança representou não apenas um ganho quantitativo em termos de produção teórica, mas também, e principalmente, um ganho qualitativo. Por meio da filosofia foi possível criar a ciência como algo distinto da religião.

No que diz respeito a seu conteúdo, a filosofia propõe-se a "explicar a **totalidade das coisas**, ou seja, **toda a realidade**, sem exclusão de partes ou momentos dela", e isso ela faz em distinção às ciências particulares que se "limitam a explicar **partes** ou setores da realidade, grupos de coisas ou de fenômenos" (Reale; Antiseri, 2003a, p. 11, grifo do original).

Sobre o método, Reale e Antiseri (2003a, p. 11, grifo do original) explicam que

> a filosofia procura ser "explicação puramente **racional** daquela totalidade" que tem por objeto. O que vale em filosofia é o argumento da razão, a motivação lógica, o *logos*. Não basta à filosofia constatar, determinar dados de fato ou reunir experiências: ela deve ir além do fato e além das experiências, para encontrar a **causa** ou as **causas** apenas **com a razão**. É justamente este o caráter que confere "cientificidade" à filosofia.

O grande diferencial da filosofia em relação às ciências particulares é que, diferente de todas as demais ciências, ela é a "pesquisa racional de **toda a realidade** (do princípio ou dos princípios de toda a realidade)" (Reale; Antiseri, 2003a, p. 11). Por isso, seu escopo "está no puro desejo de conhecer e contemplar a verdade"(Reale; Antiseri, 2003a, p. 12). Filosofar é buscar a verdade de modo absolutamente desinteressado (Reale; Antiseri, 2003a).

Referindo-se à filosofia, Aristóteles argumenta que:

> É evidente, portanto, que não a buscamos por nenhuma vantagem que lhe seja estranha; e, mais ainda, é evidente que, como chamamos livre o homem que é fim para si mesmo e não está submetido a outros, assim só esta ciência, dentre todas as outras, é chamada livre, pois só ela é fim para si mesma". (Aristóteles, 2002, p. 13)

Reale e Antiseri (2003a, p. 12, grifo do original) concluem também, citando Aristóteles, que

> os homens tendem ao saber porque se sentem cheios de "estupor" ou de "maravilhamento". Diz Aristóteles: "Os homens começaram a filosofar, tanto agora como na origem, **por causa do maravilhamento**: no princípio, ficavam maravilhados diante das dificuldades mais simples; em seguida, progredindo pouco a pouco, chegaram a se colocar problemas sempre maiores, como os relativos aos fenômenos da lua, do sol e dos astros e, depois, os **problemas relativos a origem de todo o universo**".

Esse maravilhamento citado por Aristóteles é o ponto de partida da arte de filosofar. Não é plenamente homem quem não indaga, quem renuncia à necessidade e à satisfação de buscar saber a origem de tudo, a razão do ser, por que o ser e não o nada, por que existimos, por que isso nos inquieta tanto.

Ler filosofia pode ser uma aventura ou uma experiência de angústia. Talvez, as duas ao mesmo tempo. Mas não devemos desanimar. A leitura sempre será proveitosa e nos colocará diante de um mundo fascinante e desafiador.

Não devemos achar que será fácil ler filosofia. Ao lermos um texto filosófico, devemos atentar para seu conteúdo e sua forma. Antes de mais nada, devemos lê-lo como um texto similar em sua composição a outros textos. Severino (2014, p. 8) esclarece que

> todo texto é um conjunto de signos linguísticos que codificam uma mensagem. É um meio codificado, utilizando signos linguísticos, pelo qual se viabiliza a comunicação entre as pessoas, entre duas ou mais consciências capazes de decodificar esses signos. Portanto, é um meio de comunicação entre subjetividades.

Severino (2014, p. 8) explica que uma "mensagem [texto] é pensada pelo autor, codificada mediante signos e transmitida ao leitor". Quando redige seu texto, o autor "procede à codificação da mensagem a ser transmitida", o leitor, por sua vez, "ao ler o texto, procede à decodificação da mensagem do autor, para então apropriar-se dela em seu pensamento, assimilando-a, personalizando-a e compreendendo-a" (Severino, 2014, p. 8). Esse ciclo permite que haja um fluxo de comunicação compreensível entre emissor e receptor, dois sujeitos humanos distintos.

Essa troca de impressões, conceitos e ideias ocorre em qualquer produção literária. O autor, intencionalmente, propõe-se a transmitir uma ideia e espera que, da parte do leitor, haja uma capacidade de compreensão que torne possível a comunicação entre ambos.

Sendo a leitura uma decodificação de uma mensagem, é de importância fundamental que haja certo "domínio do código usado para a produção do texto" tanto por quem produz o texto como por quem o lê (Severino, 2014, p. 8-9).

Como esclarece Severino (2014, p. 10-11, grifo do original),

É pela mediação dos conceitos que pensamos e concebemos as coisas e, consequentemente, as mensagens que, sobre elas, os textos escritos ou falados querem nos passar. O conceito representa e substitui a coisa no âmbito da consciência subjetiva e é graças a ele que podemos, então, pensar. Mas os conceitos, por sua vez, para serem comunicados, precisam também ser simbolizados, mediados, o que ocorre graças aos termos, às palavras. Estas são as **mediações linguísticas dos conceitos**.

Há uma metodologia para a produção de textos filosóficos? A resposta a essa pergunta não é tão simples. Há quem advogue a noção de "filosofia pura" e outros que advogam que deva haver, na filosofia e na produção de textos filosóficos, uma abertura ao diálogo interdisciplinar.

Os puristas não aceitam que um texto produzido por um romancista possa ser considerado um texto filosófico. Seguindo o raciocínio de Alessandro Pimenta, em seu artigo *Proximidades entre filosofia e literatura*, podemos afirmar que os puristas são "os que defendem a tese de que a filosofia se distingue radicalmente da literatura, tanto pela forma quanto pelo conteúdo" (Pimenta, 2019, p. 10).

No lado oposto da discussão, encontramos o filósofo italiano Giorgio Agamben, poeta e amigo da filosofia. Para Agamben, citado por Bazzanella e Santos (2018, p. 92), "a filosofia não é uma substância", ela é uma "intensidade que pode de uma só vez animar qualquer âmbito: a arte, a religião, a economia, a poesia, o desejo, o amor e até mesmo o tédio". Bazzanella e Santos (2018, p. 92) explicam que, para Agamben, a filosofia assemelha-se ao vento, às nuvens, ou até mesmo a uma tempestade, pois, como esses fenômenos, "produz de improviso, agita, transforma e até mesmo destrói o lugar onde se produziu, mas, da mesma forma, imprevisivelmente passa e desaparece".

Tomemos por exemplo o romance *Os irmãos Karamázov*, do escritor russo Fiódor Dostoievski. Nessa obra, há inserções de conceitos filosóficos que estavam em voga na Europa de seus dias. No Capítulo

IV do Livro V, cujo título é "A revolta", o romancista russo narra uma conversa entre Ivan, um defensor das teses comunistas, e seu irmão mais novo, Aliocha, jovem noviço da igreja ortodoxa russa. Nesse diálogo, Dostoievski expõe o pensamento existencialista em voga. Nas palavras de Ivan, o leitor pode encontrar as bases filosóficas do pensamento existencialista, que, mais tarde, foi defendido por Sartre e Camus.

Os defensores de uma aproximação entre filosofia e literatura veem, no texto de Dostoievski, um tratado filosófico escrito em prosa. Para eles, o que tipifica um texto como filosófico não é a metodologia, ou seja, a forma como o texto é produzido, e sim o conteúdo. Um dos maiores defensores da aproximação entre filosofia e literatura foi o filósofo francês Gilles Deleuze. Em *Conversações*, o filósofo francês assim se expressou:

> A filosofia, a arte e a ciência entram em relações de ressonância mútua e em relações de troca, mas a cada vez por razões intrínsecas. É em função de sua evolução própria que elas percutem uma na outra. Nesse sentido, é preciso considerar a filosofia, a arte e a ciência como espécies de linhas melódicas estrangeiras umas às outras e que não cessam de interferir em si. (Deleuze, 1992, p. 156)

Alessandro Pimenta, doutor em filosofia, em seu artigo *Proximidades entre filosofia e literatura* (2019, p. 10), afirma que "as relações entre filosofia e literatura foram e ainda são pontos de importantes debates, tanto por filósofos como por literatos. Há os que defendem a tese de que a filosofia se distingue radicalmente da literatura, tanto pela forma quanto pelo conteúdo".

Segundo Pimenta (2019, p. 10), por um lado, a filosofia esforça-se por exprimir "a verdade em uma linguagem conceitual que aspiraria à universalidade", por outro lado, a literatura busca exprimir "a beleza, utilizando-se de uma linguagem simbólica e metafórica". O autor defende que, embora alguns considerem que "tudo é literatura", obras como as "de Nietzsche, Proust, Sartre e Camus, por exemplo, mostram como esta relação pode ser não só possível, mas harmônica" e que há legitimidade nessa relação, "demonstrada historicamente pela antiga unidade entre filosofia e poesia" (Pimenta, 2019, p. 10).

Jean Paul Sartre também defendia a aproximação entre filosofia e literatura. Geovane Reale e Dario Antiseri, em *História da filosofia: de Nietzsche à Escola de Frankfurt* (2006b, p. 226, grifo do original), escreveram a respeito de Sartre afirmando que ele foi "testemunha e pesquisador atento de nosso tempo", e como tal "comunicou seu pensamento em romances", tendo sido "influenciado pela fenomenologia de Husserl", Sartre afirmava que "a consciência é abertura para o mundo, mas o mundo **não** é a existência" e que,

> quando o homem não tem mais objetivos o mundo torna-se privado de sentido. E justamente a **gratuidade** das coisas e do homem reduzido a coisa é revelada pela experiência da náusea. Isso é descoberto por Roquentin – o protagonista do romance *A náusea*: "Não há nenhum ser necessário que possa explicar a existência [...] tudo é gratuito. [...] E quando acontece de percebermos isso, nosso estômago se revolta e tudo se põe a flutuar. [...] Eis a náusea". (Reale; Antiseri, 2006b, p. 226, grifos do original)

Renato dos Santos Belo, que, em seu artigo "Filosofia e literatura em Jean-Paul Sartre: 'vizinhança comunicante' e 'ressonância ética' como ferramentas interpretativas" (2020), dedica-se a descobrir como o filósofo francês via a relação entre a produção filosófica e a literária em suas obras. O autor relata que Sartre, em uma entrevista concedida ao final de sua vida, afirmou que tudo o que havia escrito "foi, a um só tempo, filosofia e literatura" (Belo, 2020, p. 60).

A respeito desse hibridismo sartriano, Belo (2020, p. 68) esclarece que, para Sartre:

Nem a filosofia tradicional nem a literatura de interioridade parecem suficientes para elaborar essa síntese e essa tensão. O homem vive sempre o universal como particular. "O acaso não existe ou, pelo menos, não da maneira como se imagina: a criança torna-se essa ou aquela porque vive o universal como particular." (SARTRE, 2002, p. 56). Por essa perspectiva, cabe tanto ao filósofo quanto ao literato viver a contradição e o dilaceramento de tentar superar a insuperável herança de sua classe e de sua infância na elaboração de um retrato adequado da experiência humana.

Segundo Engelmann e Trevisan (2016, p. 20), "a leitura filosófica não se restringe aos textos clássicos, de autores consagrados de filosofia". Os autores, portanto, abrem espaço para considerarmos como leitura filosófica outros textos que não seguem o padrão normativo de produção filosófica. Esse entendimento não encontra apoio em alguns segmentos filosóficos. Para contornar o problema, os autores sugerem que consideremos a importância do processo de escuta, que, segundo eles, exige uma constância em ler e em escutar para, assim, obter uma compreensão adequada desse tipo especial de leitura (Engelmann; Trevisan, 2016).

Importante!

Apesar da defesa ardorosa dos que lutam por uma aproximação entre filosofia e literatura, convém distinguir um texto filosófico de um texto que tenha conteúdo filosófico. Se tomarmos a tese de que qualquer texto literário com conteúdo filosófico seja considerado texto filosófico, o horizonte ficará tão amplo que a atividade de leitura, compreensão e produção de escrita filosófica irá se tornar um exercício impraticável.

Convém ressaltar ainda que nem todos os escritos filosóficos submetem-se ao mesmo critério metodológico. Há diferença nos textos filosóficos de pensadores consagrados. Há, por exemplo, diferença significativa na composição e na forma dos diálogos platônicos em relação aos escritos metafísicos e lógicos de Aristóteles.

Há também diferenças entre *Confissões*, de Agostinho, e a *Summa teológica*, de Tomás de Aquino. As *Meditações metafísicas*, de Descartes, diferem de *O príncipe*, de Maquiavel, que, por sua vez, se distingue da *Crítica da razão pura*, de Immanuel Kant. As reflexões filosóficas de Jean Paul Sartre não se assemelham às de Karl Popper e assim por diante. Muito além da forma está o conteúdo. A busca da clareza como método e da verdade como finalidade deve ser o critério mais basilar para definirmos o que seja um escrito filosófico.

Visando dar mais clareza ao tema, optamos por restringir a definição de *textos filosóficos* aos textos produzidos por pensadores que objetivaram fazer filosofia com seus textos. Já vimos que a linha entre um texto filosófico e um de outra natureza é muito tênue. Todavia, para não nos perdermos na imensidão da produção literária, convém proceder dessa forma. Assim, excluímos de nossa análise textos que não tenham sido, comumente, considerados filosóficos por motivos já destacados neste capítulo.

1.3
A leitura de textos filosóficos

Em razão da diversidade de textos filosóficos em relação à extensão, à abordagem, à linguagem e, principalmente, ao objetivo, tanto do autor quanto do leitor, Lacour, Almeida e Tedeia (2020) sugerem que haja quatro tipos de leitura:

1. Microleitura: Trata-se de uma leitura curta, de até 20 linhas, ou entre 3 a 5 parágrafos.
2. Média leitura: Em textos corridos, de 2 a 5 páginas; no caso de artigos, de 10 a 15 páginas.
3. Macroleitura: Compreende uma leitura mais extensa de livros que contenham entre 100 e 300 páginas.
4. Megaleitura: Trata-se de uma leitura variada e ampla incluindo livros, capítulos variados, artigos e ensaios em diversas fontes. Essa modalidade de leitura é exigida daqueles que desenvolvem pesquisas ou escrevem artigos, dissertações ou teses.

Engelmann e Trevisan (2015) sugerem que façamos a leitura de textos filosóficos em três níveis: 1) nível das palavras; 2) nível textual; e 3) nível interpretativo-crítico.

O nível das palavras é aquele em que o leitor, ao ter contato com o texto, compreende "as palavras do texto e a história narrada" (Engelman; Trevisan, 2015, p. 18). Muitos leitores encontrarão dificuldades para ir além desse nível. A perseverança em ler, mesmo quando não se tem uma boa compreensão do texto, é um requisito essencial para quem deseja avançar para os próximos níveis.

O nível textual representa um avanço na leitura e acontece quando o leitor consegue "desenvolver uma leitura fluente e entender a história narrada e os fatos ditos", no entanto, não compreende "a 'moral' da história, o que é dito nas entrelinhas do texto" (Engelman; Trevisan, 2015, p. 18). Esse nível ocupa-se não mais da decodificação dos símbolos, e sim da busca pelo significado que se lê.

O nível interpretativo-crítico pressupõe que "o leitor seja capaz de 'ler nas entrelinhas'. Assim, mais do que entender as palavras e o sentido do texto, ele deve compreender a intenção do autor" (Engelman;

Trevisan, 2015, p. 19). Ao chegar a esse nível, o leitor mostra-se apto a expressar, oralmente ou por meio de escrita, uma crítica sobre o texto lido. A elaboração de uma crítica requer uma noção clara da intencionalidade do autor.

Na leitura, seja de textos filosóficos, seja de outros textos, a mera exposição do leitor aos textos não é suficiente para que haja uma compreensão crítica dele. Para isso, é imprescindível que haja conhecimento do leitor a respeito não apenas da língua e dos recursos de linguagem, mas, principalmente, do assunto de que o texto trata.

Sendo assim, convém ressaltarmos que, para fazermos uma leitura proficiente dos textos filosóficos, é preciso que busquemos conhecer, tanto quanto possível, o contexto histórico, a biografia, a noção ontológica (como o pensador vê a realidade), a antropologia (como o pensador vê o homem em relação ao mundo), a epistemologia (como e o que se pode conhecer) e também qual metodologia esse pensador usou para produzir seus escritos. Para tanto, acreditamos que a leitura analítica é uma excelente ferramenta.

O contexto histórico refere-se ao ambiente político, social, religioso e cultural do pensador ou escola de pensamento. A biografia diz respeito a dados como nascimento, formação intelectual, influências, obras produzidas e morte do pensador, caso já tenha falecido.

Abbagnano (2007), em seu *Dicionário de filosofia*, afirma que a noção ontológica funde-se à noção metafísica. Citando Aristóteles, o autor explica que a ontologia é a ciência primeira, a ciência do ser enquanto ser. Aristóteles (citado por Abbagnano, 2007, p. 662) diz que a ontologia é aquela ciência que "estuda os caracteres fundamentais do ser: os que todo ser tem e não pode deixar de ter".

Abbagnano (2007, p. 662-663, grifo do original) esclarece que, para Aristóteles, as principais proposições da metafísica ontológica são as seguintes:

1) Existem determinações necessárias do ser, ou seja, determinações que nenhuma forma ou maneira de ser pode deixar de ter; 2) Tais determinações estão presentes em todas as formas e modos de ser particulares; 3) Existem ciências que têm por objeto um modo de ser particular, isolado em virtude de princípios cabíveis; 4) Deve existir uma ciência que tenha por objeto as determinações necessárias do ser, estas também reconhecíveis em virtude de um princípio cabível; 5) Essa ciência precede todas as outras e é, por isso, ciência primeira, porquanto seu objeto está implícito nos objetos de todas as outras ciências e porquanto, consequentemente, seu princípio condiciona a validade de todos os outros princípios.

Abbagnano (2007, p. 67) considera a antropologia como aquela "exposição sistemática dos conhecimentos que se têm a respeito do homem". Dessa forma, a antropologia "fez e faz parte da filosofia, mas, como disciplina específica e relativamente autônoma, só nasceu em tempos modernos" (Abbagnano, 2007, p. 67). O autor atribui a Kant o ressurgimento da distinção entre a fisiologia humana e a antropologia pragmática, "que seria aquilo que o homem faz como ser livre, ou então o que pode e deve fazer de si mesmo" (Abbagnano, 2007, p. 67).

A epistemologia é a teoria do conhecimento. Segundo Milton Hunnex, em seu livro *Filósofos e corrente filosóficas em gráficos e diagramas*, o termo *epistemologia* deriva do grego *episteme*, que significa "conhecimento", "ciência", e *logos*, que significa "discurso", "teoria". O termo foi usado, pela primeira vez, em 1854, por James Frederick Ferrier, que o utilizou em distinção ao termo *ontologia*. Hunnex (2003, p. 13) esclarece que a epistemologia "compreende o estudo sistemático da natureza, fontes e validade do conhecimento" e "estuda a natureza do raciocínio, a verdade e o processo de conhecer em si mesmos", e também "trata de nossas alegações de conhecimento, do que queremos dizer com 'conhecimento'".

A metodologia refere-se ao *como*, ou seja, ao caminho (*hodos*) trilhado pelo pensador ou escola filosófica para chegar às conclusões a que chegaram. A metodologia, portanto, irá se constituir no caminho a ser seguido, a trilha usada para conduzir-nos de um ponto a outro. Ela se refere aos passos dados, aos pressupostos adotados e ao encaminhamento da pesquisa, desde suas origens até suas considerações finais.

1.4
A compreensão de textos filosóficos

Para a compreensão proficiente de textos filosóficos, Severino (2014, p. 12) sugere o uso do que ele denomina *leitura analítica*, que "é o processo de decodificação de um texto escrito, com vistas à apreensão/recepção da mensagem nele contida".

O autor explica que essa modalidade de leitura deve ser entendida como a

> abordagem de um texto a partir dos seguintes objetivos: apreender a mensagem global da unidade de leitura, de modo que o leitor tenha uma visão da integralidade do raciocínio desenvolvido pelo autor, levando-o tanto à compreensão dessa mensagem como à sua interpretação. É a modalidade mais tradicional de leitura, aquela que fazemos quando lemos um romance: uma leitura do começo ao fim. (Severino, 2014, p. 10-11)

Severino (2014) ressalta que a leitura analítica desenvolve-se por meio de algumas etapas essenciais: análise textual, análise temática, análise interpretativa, problematização e reelaboração reflexiva.

A finalidade da etapa de **análise textual** é "identificar os elementos que permitem a adequada decodificação do texto, bem como o contexto de sua produção", e inclui "o levantamento de vários esclarecimentos prévios" (Severino, 2014, p. 12). Nessa etapa, procuramos, antes de tudo, "delimitar uma unidade de leitura", ou seja, um capítulo, uma sessão ou até mesmo um livro completo (Severino, 2014, p. 12).

Em seguida, devemos levar em consideração as necessidades de "saber quem é o autor do texto", se possível, coletar informações sobre ele, suas ideias principais, sua formação acadêmica, suas obras, seu tempo e a quem ele escrevia, que ideias ele combatia e que pensadores ele apoiava (Severino, 2014, p. 13).

Depois de identificar o autor, o passo seguinte é identificar o perfil geral do texto.

> A segunda iniciativa é levar em conta o **perfil geral do texto**: identificar sua finalidade, a oportunidade de sua produção, sua natureza geral, como surgiu, porque foi escrito. Trata-se de fazer aqui uma contextualização geral do texto: em que circunstâncias foi escrito, para que, a que público se destina etc. Esses elementos são levantados a partir de informações que costumam acompanhar o próprio texto. (Severino, 2014, p. 13, grifo do original)

Dados esses passos preliminares, o leitor estará em condições de avançar fazendo uma leitura panorâmica do texto, ou seja, tomará contato com o texto. Como explica Severino (2014, p. 14):

> Essa etapa compreende uma série de atividades que visam dar ao leitor uma visão panorâmica do conteúdo do texto, de seu perfil, método e contexto. Trata-se de um trabalho prévio de identificação de pontos que eventualmente precisam ser esclarecidos para que uma leitura efetivamente compreensiva possa acontecer.

Durante a leitura panorâmica, segundo sugestão de Severino (2014), o leitor deve se atentar para a presença de palavras, ideias e conceitos novos com os quais não está habituado.

Para isso, ao longo da leitura, mas sem interrompê-la, devemos transcrever esses pontos na ficha-rascunho, sempre indicando o parágrafo em que se encontram palavras desconhecidas, palavras conhecidas, mas com sentido pouco claro, palavras que expressam conceitos específicos, categorias teóricas, autores citados, desconhecidos ou pouco conhecidos, fatos históricos aludidos, doutrinas a que se fazem referência. (Severino, 2014, p. 14)

Para saber mais a respeito dos novos conceitos, o leitor pode recorrer a dicionários, de preferência dicionários filosóficos. No caso de não dispor deles, nos dicionários da língua portuguesa haverá uma designação da acepção filosófica do termo. Todavia, os dicionários não filosóficos oferecerão uma definição muito simples.

Tomemos como exemplo o termo *conceito*. Segundo o Dicionário Michaelis *on-line*:

1. FILOS Representação mental das características gerais de um objeto.
2. FILOS Conforme o racionalismo ocidental, a manifestação da essência do mundo real.
3. Compreensão que se tem de uma palavra; definição, noção.
4. Ponto de vista; opinião.
5. Reputação que goza uma pessoa por parte dos outros; fama.
6. Dito sentencioso; ditado, máxima.
7. Sistema de avaliação do rendimento e/ou conduta dos alunos.
8. Conclusão moral de um conto; moral.
9. Palavra ou expressão que propicia a solução de uma charada.
(Conceito, 2024)

O dicionário em questão registra nove acepções do termo, sendo as duas primeiras filosóficas. Se o mesmo termo for consultado em um dicionário filosófico, o resultado será bem mais efetivo. Vejamos o exemplo da mesma pesquisa no *Dicionário de Filosofia* de Nicola Abbagnano (2007, p. 164, grifo do original):

CONCEITO (gr. *Lógos* [Logos], lat. *Conceptus*; in. *Concept*; fr. *Concept*; ai. *Begriff*, it. *Conceito*). Em geral, todo processo que torne possível a descrição, a classificação e a previsão dos objetos cognoscíveis. Assim entendido, esse termo tem significado generalíssimo e pode incluir qualquer espécie de sinal ou procedimento semântico, seja qual for o objeto a que se refere, abstrato ou concreto, próximo ou distante, universal ou individual etc. Pode-se ter um C. [conceito] de mesa tanto quanto do número 3, de homem tanto quanto de Deus, de gênero e espécie (os chamados *universais* [v.]) tanto quanto de uma realidade individual, como p. ex. de um período histórico ou de uma instituição histórica (o "Renascimento" ou o "Feudalismo").

Essa citação é apenas "a ponta do *iceberg*" da definição que Abbagnano dá ao termo *conceito*, uma vez que o verbete ocupa as páginas 164 a 168, apresentando inúmeras nuances do termo e seu uso no decorrer da história da filosofia ocidental.

Uma vez aclarados os conceitos novos, convém que o leitor busque informações sobre fontes usadas pelo autor no transcorrer da produção de seu texto. Nesse caso, Severino (2014, p. 15, grifo do original) aconselha o leitor a "buscar as primeiras informações sobre os **autores** citados no texto, desde que essa referência seja importante na exposição das ideias"; caso o autor tenha sido "citado de forma genérica, não é necessário buscar suas informações". Nomes e biografias podem facilmente ser encontrados em enciclopédias e dicionários especializados,

Na etapa da análise temática do texto filosófico, o leitor deverá buscar a compreensão mais objetiva do texto, ou seja, "o que ele quer comunicar" (Severino, 2014, p. 16). Para tanto, ele precisará transcender da leitura panorâmica a um nível mais profundo, que objetiva "explicitar e apreender, com o máximo de objetividade, o pensamento do autor exposto no texto" (Severino, 2014, p. 16).

Severino (2014, p. 16-17) explica que, nesse nível de leitura, o leitor deve levantar cinco questões relacionadas ao texto:

1. Do que está falando, qual o tema ou assunto do texto?
2. Qual o problema que se coloca, ou seja, por que o tema está em questão?
3. Qual a resposta que o autor dá ao problema, qual a tese que defende ao tentar resolver o problema ou explicar o tema?
4. Como a autor demonstra sua hipótese? Como ele a comprova?
5. Que outras ideias secundárias o autor, eventualmente, defende no texto em análise?

Uma vez levantadas as questões, o leitor prossegue da análise temática para a análise interpretativa. Sendo a última etapa da leitura analítica, a leitura interpretativa é a fase mais difícil do processo de compreensão. Ainda assim, Severino (2014, p. 18) esclarece que

> é preciso iniciar-se também a ela, até porque é por meio dela que se pratica a crítica. É ela que torna a leitura um processo crítico na lida com o conhecimento. Enquanto na fase anterior a compreensão da mensagem do autor se dava a partir exclusivamente dos elementos presentes no texto escrito, nessa fase interpretativa, a compreensão se dará a partir de dados de fora do texto, interpelando o autor, discutindo-se com ele.

Nesse nível, ocorre o que, comumente, denominamos *diálogo leitor/autor*. Para que a interação seja efetiva, é importante que o leitor proponha-se a relacionar as posições gerais do pensamento teórico desenvolvido no texto e a refletir sobre "como elas se inserem no conjunto de seu pensamento", além de situar o autor "no âmbito do pensamento teórico, na história do pensamento de sua área de reflexão" (Severino, 2014, p. 19).

Severino (2014, p. 18-19) esclarece que, após esse diálogo entre ambos, o leitor avança para os passos finais da leitura interpretativa, que envolve a explicitação "dos pressupostos implicados no texto", que são aqueles "princípios que justificam, fundamentam as ideias defendidas pelo autor no texto, dando-lhe coerência"; o levantamento "de ideias associadas às que estão presentes no texto", que são "aquelas ideias semelhantes, convergentes ou divergentes com as do autor, que nos são sugeridas quando discutimos com ele"; e, por fim, a formulação "de críticas à construção do texto, bem como aos pontos de vista do autor: críticas positivas e negativas".

O último passo – a análise crítica – encaminha o leitor a um nível excelente de interação com o texto e seu autor e envolve as etapas de problematização e de reelaboração reflexiva.

Severino (2014, p. 19) explica que a análise crítica será de duas naturezas:

> Pela crítica interna, busca-se saber se o autor conseguiu alcançar seus objetivos, se seu raciocínio foi eficaz na demonstração de sua(s) hipótese(s), se suas conclusões estão fundadas numa argumentação sólida. Já pela crítica externa, pergunta-se até que ponto o autor conseguiu uma colocação original, até que ponto não está por demais influenciado por outros, até que ponto sua abordagem é pessoal, profunda, original. Finalmente, o leitor concluirá, por sua vez, se concorda ou não com ele.

Como parte integrante da leitura crítica de um texto filosófico, Severino (2014, p. 20), explica que o leitor deverá formular uma problematização, que consiste no "momento em que se levantam problemas para a reflexão pessoal e para a discussão coletiva" para, em seguida, finalizando o processo, elaborar uma reflexão pessoal, que será "uma reflexão conclusiva a respeito das temáticas abordadas no texto e analisadas ao longo da leitura. É um esforço do leitor em refletir sobre o assunto por conta própria, inspirado e provocado pelo autor".

Além de fazer a leitura analítica, é preciso que identifiquemos os tipos de fontes usados na pesquisa filosófica. Há, segundo Severino (2014, p. 51-52), as fontes primárias – ou seja, "os textos escritos pelos próprios filósofos, aqueles que construíram, ao longo da história da cultura humana, essa tradição de pensamento"–, que são "a principal fonte da filosofia, enquanto objetivação cultural", às quais "devemos nos dirigir para esse diálogo, compartilhando ideias, análises e reflexões".

As fontes primárias devem ser preferidas quando lidamos com leitura filosófica de qualidade. Se podemos nos valer de um texto primário e extrair dele nossa reflexão filosófica, ele deve ser a nossa fonte de pesquisa. Caso o texto tenha algum grau de complexidade que vá além de nossa capacidade de compreensão e análise, podemos nos valer de fontes secundárias. Referindo-se às fontes primárias, Severino (2014, p. 52) observa que

> pela própria natureza da filosofia, nem sempre é fácil penetrar nesse pensamento em suas formulações originárias. Essa aproximação é então feita por muitos outros pensadores que com eles vão dialogar, interpelando-os, analisando, interpretando e comentando seus pensamentos. São filósofos que estudam outros filósofos, dos mais diferentes pontos de vista, e variados enfoques. Produzem, então, uma série de outras fontes, secundárias, mas que são mediações preciosas, instrumentos muito úteis para que estabeleçamos mediações com os pensamentos originais. Trata-se de um grande processo coletivo, de um trabalho conjunto. O saber se constrói de forma social, envolvendo a participação de muitas pessoas.

São exemplos de textos primários os diálogos platônicos, a *Ética a Nicômaco*, de Aristóteles, *Confissões*, de Agostinho, *Summa Teológica*, de Tomás de Aquino, *O Príncipe*, de Maquiavel, *Discurso do Método*, de Descartes etc.

Os textos secundários constituem-se de comentários, dicionários de filosofia, livros sobre história da filosofia, artigos e publicações filosóficas, como monografias, dissertações e teses filosóficas, bem como publicações em revistas e periódicos.

Um texto pode ser, simultaneamente, primário e secundário. Podemos citar, nesse caso, o livro *Introdução ao pensamento filosófico*, de Karl Jaspers, no qual o filósofo alemão contemporâneo expõe o pensamento de muitos filósofos que o antecederam e, ao mesmo tempo, expõe sua opinião sobre os vários temas que nortearam a produção filosófica desde seus primórdios.

1.4.1 Texto e contexto

Para extrairmos de um texto filosófico a máxima compreensão, é importante levarmos em consideração seu contexto de produção. Se pensarmos no texto como uma pintura, um quadro, o contexto será a moldura. A função da moldura é realçar o quadro e delimitá-lo para que possa ser melhor apreciado por quem o contempla. Assim também o contexto atua em relação ao texto.

No decorrer dos próximos capítulos, apresentaremos o contexto histórico e literário de alguns pensadores. Intencionalmente, daremos preferência aos mais destacados e àqueles de quem pretendemos extrair um texto como exemplo de leitura e compreensão. Assim faremos em relação a Platão, Aristóteles, Agostinho de Hipona, Tomás de Aquino, René Descartes, John Locke, Friedrich Nietzsche, Immanuel Kant, Karl Marx, Jean Paul Sartre e Michel Foucault. Na apresentação do texto que usamos como exemplo no Capítulo 5, há uma breve apresentação do contexto histórico e literário de Karl Popper.

Um texto fará mais sentido se for adequadamente contextualizado. Tomemos, por exemplo, o texto proposto como exemplo de leitura e compreensão no Capítulo 4. John Locke não estava em uma pousada à beira-mar, desfrutando de merecidas férias num *resort* caribenho, sentindo a brisa do mar tocar sua face e aí teve a brilhante ideia de que nossa mente é uma tábula rasa. Como explicaremos na Seção 4.6, Locke escreveu seu *Ensaio acerca do entendimento humano* (1999) como resposta a outra produção intelectual, do filósofo Ralph Cudworth, ferrenho defensor do racionalismo de Descartes. No ensaio de Locke, podemos ver que ele reage, com veemência, à noção de que nossa mente tenha ideias inatas a ela.

Sem esse contexto não conseguiremos compreender as ideias defendidas por ele em seu ensaio. Se o *Discurso do método* e as *Meditações metafísica* de Descartes (2021) representavam uma reação racional a tudo o que esse filósofo havia aprendido nas escolas cujos métodos eram escolásticos, o ensaio de Locke é uma reação às obras de Descartes e seus defensores racionalistas.

O diálogo platônico *A República* (Platão, 1949) tem um contexto bem específico. É de estranhar-se a reserva que Platão tem em relação ao sistema político de seus dias, a democracia. Ao apresentar os vários modelos de governo, Platão favorece o modelo aristocrata, uma espécie de governo dos nobres.

Por que Platão não se empolgava com a democracia de Atenas?

A resposta está no seu contexto histórico. Platão descendia de uma família nobre. Sua família, mais especificamente a família de sua mãe, havia ocupado o governo de Atenas por algum tempo. Sua mãe era descendente de Sólon (638-558 a. C.), estadista, legislador e poeta grego que governou Atenas de 594 a. C. até sua morte. Nesse ambiente político, encontram-se as razões de Platão criticar personagens de destaque na política ateniense, em especial, Péricles.

Platão tinha suas razões para desconfiar e, até mesmo, nutrir aversão à democracia porque, nos seus dias, a democracia ateniense era uma forma disfarçada de oligarquia. Uma pequena porcentagem da população desfrutava dos privilégios de igualdade perante a lei e os direitos de falar nas assembleias. Poucos cidadãos faziam uso da palavra nas assembleias e isso favorecia que homens dotados de boa oratória, como Péricles, obtivessem ascendência sobre os ouvintes e impunham-se em função de seu poder de convencimento. Caso o orador pudesse acrescentar a ação à erudição, então, ele se tornava o verdadeiro chefe político.

Na sua obra *Meditações metafísicas*, Descartes (2021) fornece ao leitor o contexto de sua produção. Na primeira meditação, "Das coisas que se podem colocar em dúvida", em suas duas primeiras proposições, Descartes expressa-se da seguinte forma:

> 1. Há já algum tempo eu me apercebi de que, desde meus primeiros anos, recebera muitas falsas opiniões como verdadeiras, e de que aquilo que depois eu fundei em princípios tão mal assegurados não podia ser senão muito duvidoso e incerto; de modo que me era necessário tentar seriamente, uma vez em minha vida, desfazer-me de todas as opiniões a que até então dera crédito, e começar tudo novamente desde os fundamentos, se quisesse estabelecer algo de firme e de constante nas ciências. Mas, parecendo-me ser muito grande essa empresa, aguardei atingir uma idade que fosse tão madura que não pudesse esperar outra após ela, na qual eu estivesse mais apto para executá-la; o que me fez diferi-la por tão longo tempo que doravante acreditaria cometer uma falta se empregasse ainda em deliberar o tempo que me resta para agir.
> 2. Agora, pois que meu espírito está livre de todos os cuidados, e que consegui um repouso assegurado numa pacífica solidão, aplicar-me-ei seriamente e com liberdade em destruir em geral todas as minhas antigas opiniões. Ora, não será necessário, para alcançar esse desígnio, provar que todas elas são falsas, o que talvez nunca levasse a cabo; mas, uma vez que a razão já me persuade de que não devo menos cuidadosamente impedir-me de dar crédito às coisas que não são inteiramente certas e indubitáveis, do que às que nos parecem manifestamente ser falsas, o menor motivo de dúvida que eu nelas encontrar bastará para me levar a rejeitar todas. E, para isso, não é necessário que examine cada uma em particular, o que seria um trabalho infinito; mas, visto que a ruína dos alicerces carrega necessariamente consigo todo o resto do edifício, dedicar-me-ei inicialmente aos princípios sobre os quais todas as minhas antigas opiniões estavam apoiadas. (Descartes, 2021, p. 55)

Descartes foi gentil com seus leitores ao apresentar, nessas proposições iniciais, as razões que o levaram a escrever suas seis meditações metafísicas. No texto que antecede ao trecho da citação anterior, Descartes faz um resumo do que havia dito nas seis meditações elencadas anteriormente em sua obra. Ele resume as razões para ter escrito suas meditações, as quais, segundo ele, visavam esclarecer a respeito da utilidade da dúvida, da importância da teoria da imortalidade da alma, da inegável corrupção do corpo, da natureza essencial da crença na existência de Deus e da distinção que deve haver entre a ação do entendimento e a ação da imaginação (Descartes, 2021).

Essa, porém, não é a prática comum. Aristóteles, por exemplo, inicia sua *Ética a Nicômaco* abordando seu assunto principal, a existência e a natureza do fim último da existência humana (Aristóteles, 2009). Ele não se preocupa em dar aos leitores uma dica a respeito das razões que o levaram a escrever seu tratado ético. O leitor precisa ler com atenção para descobrir o contexto do texto e ainda recorrer a outros textos para descobrir as razões mais abrangentes dessa produção filosófica.

Assim, a produção de um texto filosófico que considere temas similares ao abordados anteriormente precisa ser introduzida por uma apresentação, ainda que sucinta, do contexto histórico literário do autor ou dos autores das obras em questão.

Suponhamos que nossa intenção seja discorrer sobre os tipos de governo apresentados por Platão em seu diálogo *A República*. Nesse caso, devemos analisar os tipos de governo apresentados por Platão sem desconsiderar os contextos político e cultural de Atenas nos dias desse filósofo.

Se vamos discorrer sobre o tema do eterno retorno de Nietzsche, devemos localizar em que obra o pensador alemão aborda esse tema, em que contexto essa obra foi produzida e o que o autor quis dizer ao defender essa ideia. As obras *A gaia ciência* (2012) e *Assim falou Zaratustra* (2018) serão nossas principais fontes de pesquisa nesse caso.

1.5
Da leitura à produção

O filósofo brasileiro Luiz Felipe Pondé, em seu livro *Como aprendi a pensar: filósofos que me formaram*, narra sua história com a filosofia. No prefácio de sua obra, o autor esclarece:

> Minha intenção é dar ao leitor uma percepção clara das questões, autores e períodos históricos que me fizeram ser o filósofo que sou hoje. Por consequência, não serei fiel a nenhuma ortodoxia relacionada à história da filosofia, nem ao que outros pensam que eu deveria privilegiar ou deixar de privilegiar. Como em todo o meu percurso, e aqui não poderia ser muito diferente, não costumo me preocupar com o que pensam de mim, evidentemente. Esse traço de personalidade acabou por se revelar um "ativo", como dizem hoje por aí, no mundo das redes sociais. (Pondé, 2019, p. 9)

Sua vasta experiência acadêmica, suas muitas leituras e sua atuação como professor e palestrante representam uma contribuição significativa para quem deseja dar os primeiros passos na leitura, na compreensão e na produção de textos filosóficos.

A opção de Pondé pela filosofia ocorreu tardiamente. Segundo ele:

> Cheguei à filosofia já na metade da segunda década de vida, após anos de medicina e psicanálise, casado e pai de um filho, portanto, não era um adolescente em busca de uma resposta para conflitos juvenis. Optar pela filosofia foi uma espécie de declaração de guerra à vida banal de quem se dedica a algo apenas por dinheiro ou por conveniência. Sempre fui uma pessoa intensa, para o bem e para o mal. Espero voltar a esse tema da vida intensa no momento contemporâneo desse percurso. (Pondé, 2019, p. 11)

Raramente alguém é despertado para a filosofia desde a infância ou na fase de adolescência. Nos raros casos em que isso aconteceu, o ambiente doméstico cooperou para isso.

Pondé (2019) divide sua obra em seis partes, que, em grande medida, assemelha-se a este livro. A última parte de sua obra é a que nos interessará, porque nela ele tece suas considerações finais e mostra-se cético em relação a muitos projetos humanos que se pautam por uma vida intensa.

Tendo demonstrado simpatia pelo existencialismo de Albert Camus, Pondé viu, na filosofia, um antídoto para a ilusão da sociedade contemporânea, que insiste em oferecer soluções que aprofundam os problemas humanos e nos joga, constantemente, numa roda viva de decepções e buscas ilusórias de sucesso num mundo caótico.

A filosofia tem o potencial de nos fazer pensar por nós mesmos. A leitura e a compreensão de textos filosóficos podem nos levar a perceber, como poucos, a absoluta falta de sentido e valor em muitas coisas que pessoas comuns jamais irão perceber. Jamais poderemos ver a ilha sem sair dela, como afirma José Saramago (1998) em seu livro *O conto da ilha desconhecida*.

O gosto pela leitura de textos filosóficos surge depois de um processo doloroso de adaptação ao tipo de leitura mais exigente e que provoca sentimentos, muitas vezes, angustiosos. Ler textos filosóficos como recreação não é uma boa ideia. Textos filosóficos causam angústia e questionamentos que não são desejados por pessoas que amam o lugar-comum, o *status quo*, a comodidade de uma vida sem reflexão. Pensar dói. Essa é a conclusão a que seremos conduzidos ao ler o livro de Pondé (2019).

Retornemos à analogia da caverna de Platão. No ano de 399 a.C., Sócrates havia sido condenado sob a acusação de conspiração contra o Estado, de ateísmo e de corrupção de jovens. Em seu diálogo *Fédon*,

Platão (2022, p. 6, 117b-118a) retrata os instantes finais de seu mestre e registra, ali, seu protesto silencioso contra o sistema que insiste em calar quem o contradiz.

A morte de Sócrates fornece um contexto interessante para a releitura da analogia da caverna. Ao tomarmos o nível político de interpretação, iremos notar que o homem que se livra das correntes e contempla o bem percebe quão ilusória é a existência de seus pares no interior da caverna. Podendo ficar do lado de fora e desfrutar da nova realidade alcançada, ele volta-se para os que ficaram na caverna e tenta tirá-los de lá.

Giovani Casertano, em seu livro *Uma introdução à República de Platão* (2011, p. 135), observa quão arriscado seria o retorno daquele que se libertara das cadeias e o quanto ele teria a perder ao fazer isso.

> Mas se depois este homem voltar a descer para junto dos outros, de repente, terá de novo os olhos cheios de trevas, vindo do sol; e se longo for o seu período de hábito, será objeto de riso; e se tentar libertar os outros e os levar lá para cima, tentarão até matá-lo (VII 515e-517a). Como se vê, só a aquisição e a apropriação de uma nova verdade nos consente chamar não verdadeiras as opiniões que antes tínhamos; só relativamente a uma verdade maior outra verdade se torna não verdadeira; só a conquista de uma nova verdade determina um novo modo de vida e faz considerar inadequado e não bom o velho modo de vida; só pregando uma nova verdade e um novo modo de vida, sem conformar-se com os já existentes e aceites pela maioria, se correm os reais perigos não só de escárnio, mas também de morte. E mais uma vez, aqui Platão convida-nos a refletir sobre a vida exemplar, por ele mesmo construída, da personagem Sócrates.

O retorno do filósofo à caverna é um ato de altruísmo de sua parte. Esse ato, porém, é decorrente da própria experiência de descoberta da verdade sobre o mundo, sobre nós e sobre o sumo bem. De posse do verdadeiro conhecimento, ele não se contém e deseja, intensamente, retornar a seus pares e lhes falar sobre sua descoberta.

Quem tem contato com a filosofia não se contentará em conhecer e demonstrar que conhece; talvez, nem mesmo demonstre que conhece, mas não deixará de se inquietar por saber que muitos permanecem iludidos pelas falsas impressões que lhes são fornecidas sobre a realidade. Ler, compreender e produzir textos filosóficos é uma forma de interessar-se ativamente pelo progresso de outros.

No diálogo *Fédon*, Platão (2022) deixa transparecer sua preocupação com a produção filosófica e defende a importância dessa atividade. Embora Sócrates não se mostrasse disposto a escrever suas ideias, Platão divergia dele e, graças a isso, os ensinos de Sócrates ficaram imortalizados nos diálogos platônicos.

Fédon é um diálogo aparentemente inofensivo, porém sua audácia só é percebida por quem se empenha em desvendar-lhe os argumentos mais refinados. O diálogo acontece no contexto dos últimos dias de vida de Sócrates, e o velho filósofo sentenciado não se mostra resignado ou decepcionado com a filosofia, pelo contrário, ele a defende e declara que sua vida foi toda ela dedicada a uma arte sublime, "a mais elevada música" (Platão, 2022, p. 35, 61a). Sócrates fala de si mesmo como alguém que "consumiu genuinamente a vida na filosofia" (Platão, 2022, p. 40, 63d).

Sobre a suprema missão da filosofia, Sócrates é categórico:

> Assim, como venho dizendo, os amantes do saber compreendem que a alma está nestas condições quando a filosofia se encarrega dela. A filosofia gentilmente a encoraja com palavras e põe-se a trabalhar para libertá-la, mostrando-lhe que a investigação conduzida por meio dos olhos é repleta de enganos e que também o é a investigação conduzida pelos ouvidos e pelos demais sentidos. (Platão, 2022, p. 76)

A filosofia liberta a alma e faz isso persuadindo-a a buscar a verdade:

> A filosofia persuade a alma a afastar-se dos sentidos, exceto se houver necessidade de empregá-los, exortando-a a recolher-se e concentrar-se em si e a não confiar em nada exceto em si, sobre qualquer dos itens

que são que ela venha a pensar, por si própria. Com efeito, a filosofia encoraja a alma a não tomar como verdadeiro nada do que ela investiga por outros meios e em outras coisas e a crer que, de um lado, esta última via é sensível e visível, mas o que ela própria vê é inteligível e não visível. (Platão, 2022, p. 77, 82d-83b)

A leitura e a pesquisa filosófica produzem libertação da alma e conduzem o filósofo por caminhos pouco transitados pelos que se contentam com imagens bruxuleantes, que oscilam fracamente, cujo brilho é intermitente e tremeluzente.

A leitura e a prática da escrita científica nos levam ao aperfeiçoamento na arte de compreender e de produzir textos filosóficos. Comece sua leitura com os diálogos de Platão. Não se aventure a ler o *Organon* ou a *Metafísica*, de Aristóteles, muito menos a *Crítica da razão pura*, de Immanuel Kant, sem estar preparado para um texto denso e complexo.

1.5.1 A produção de textos filosóficos: orientações básicas

Ler e compreender os textos filosóficos devem ser atividades que antecedam e culminem na atividade mais elevada de produção de textos filosóficos.

Vanessa Loureiro Correa, no livro *Teorias do texto* (2013, p. 11), afirma que "escrever um texto não é tarefa fácil para nenhum falante de língua nativa". Segundo ela, isso se dá "porque, quando estamos escrevendo, precisamos passar as imagens acústicas para um código linguístico verbal, ou seja, uma língua", e, para que possamos produzir um texto de qualidade, "precisamos organizar nossas ideias e escrita para que possamos produzir um texto, seja na forma oral, seja na forma escrita" (Correa, 2013, p. 11).

Citando a linguística brasileira Ingedore Grunfeld Villaça Koch, a autora afirma que "o conceito de texto depende do conceito de língua e de sujeito" (Correa, 2013, p. 12). Para Koch, citada por Correa (2013, p. 12), o texto, como "representação do pensamento e do sujeito como senhor absoluto de suas ações e de seu dizer", deve ser visto como "um produto – lógico – do pensamento (representação mental) do autor", cabendo ao leitor/ouvinte apenas a tarefa de "captar essa representação mental com as intenções psicológicas do produtor, exercendo, pois, um papel essencialmente passivo".

Um bom texto, segundo Correa (2013, p. 13), deve ser construído "levando em conta o contexto comunicativo, porque, somente assim, o nosso receptor poderá entender a nossa mensagem". A autora afirma também que, "para redigir um bom texto, é preciso estruturar uma rede de relações" e "levar em conta a existência de diferentes modos interpretativos para as relações estabelecidas"

Engelmann e Trevisan (2016), discorrendo a respeito da produção de textos filosóficos, afirmam que a argumentação é um modo particular de escrita que objetiva convencer o interlocutor a respeito de um determinado ponto de vista. Tomás de Aquino é um excelente exemplo de argumentação.

Severino (2014, p. 11), por sua vez, ressalta que, "para pensar, para elaborar suas mensagens, a mente humana não usa apenas conceitos e termos isolados", porque os conceitos e os termos que os representam "se unem e formam sequências chamadas juízos ou proposições".

Esses fatores, como esclarece Severino (2014, p. 11), quando

> unidos, formam conjuntos maiores, chamados raciocínios ou argumentações. Assim, um texto é, na realidade, uma mensagem codificada sob forma linguística de um raciocínio. A redação é uma argumentação correspondente a um raciocínio, construído sobre a base do encadeamento lógico de conceitos, ideias e juízos. A leitura é o processo de

decodificação da mensagem, pela captação e acompanhamento do raciocínio do autor.

Toda argumentação precisa ter progressividade, uma característica da produção filosófica de Aristóteles. Os textos filosóficos, comumente, valem-se da metodologia argumentativa; alguns vão além e acrescentam elementos críticos à argumentação. Porém, para que um texto possa ser considerado autenticamente filosófico, ele "deve ser sempre argumentativo-crítico e precisa convencer o interlocutor por meio de uma estruturação lógica e coesa, a respeito de uma ideia, uma opinião ou ponto de vista" (Severino, 2014, p. 24).

Além de argumentativo-crítico, o texto filosófico deve ser elaborado com clareza em relação ao assunto que se propõe abordar. Embora possa haver complexidade, um texto não pode ser confuso na sua exposição, principalmente no que diz respeito a não ocorrer ambiguidade. A fluência do texto deve levar o leitor a se interessar pelo tema à medida que vai se aprofundando nele. Um texto confuso, com termos desconhecidos, sem uma sequência lógica e sem coesão interna em pouco tempo levará o leitor a desanimar-se a respeito do assunto.

Para que seja claro, é preciso que façamos uso de conectivos lógicos. Serafini (1995, p. 66, grifo do original) apresenta uma lista de conectivos lógicos comumente usados em textos argumentativos, quais sejam:

1. Consequências, causa e efeito: *portanto, então, por isso, desse modo* etc.
2. Exemplificação: *por exemplo, isto é, como* etc.
3. Contraste e concessão: *mas, porém, entretanto, todavia, ao contrário, ao invés de, ainda que, por outro lado* etc.
4. Reafirmação ou resumo: *em outras palavras, em resumo, de fato* etc.
5. Ligação temporal: *assim que, em seguida, até que, quando, por fim, depois* etc.
6. Ligação espacial: *ao lado de, sobre, sob, à esquerda, no meio, no fundo* etc.
7. Semelhança e ênfase: *do mesmo modo, igualmente, dessa forma* etc.
8. Adição: *e, depois, além disso, também, em adição* etc.
9. Conclusão: *portanto, assim, enfim, em resumo, concluindo* etc.

Esses conectivos lógicos auxiliam o leitor (ou ouvinte) a perceber a fluência da argumentação e aguçam a mente para que não deixe escapar elementos importantes presentes no texto ou na fala.

Maria Teresa Serafini, em seu livro *Como escrever textos* (1995, p. 65), também enfatiza a necessidade do uso dos conectivos lógicos afirmando que, num texto bem elaborado, "as partes devem estar relacionadas entre si de forma a auxiliar o leitor a seguir o fio do discurso". Os elementos que promovem essa harmonização são os conectivos lógicos.

Vejamos o uso dos conectivos na argumentação lógica de Aristóteles, em *Ética a Nicômaco* (1984, p. 141):

> Do que se disse fica bem claro que não é possível ser bom na acepção estrita do termo sem sabedoria prática, nem possuir tal sabedoria sem virtude moral. E desta forma podemos também refutar o argumento

dialético de que as virtudes existem separadas umas das outras, e o mesmo homem não é perfeitamente dotado pela natureza para todas as virtudes, de modo que poderá adquirir uma delas sem ter ainda adquirido uma outra. Isso é possível no tocante às virtudes naturais, porém não àquelas que nos levam a qualificar um homem incondicionalmente de bom; pois, com a presença de uma só qualidade, a sabedoria prática, lhe serão dadas todas as virtudes. E, evidentemente, ainda que ela não tivesse valor prático, nos seria necessária por ser a virtude daquela parte da alma de que falamos; e não é menos evidente que a escolha não será certa sem sabedoria prática, como não o seria sem virtude. Com efeito, uma determina o fim e a outra nos leva a fazer as coisas que conduzem ao fim.

Nessa citação, Aristóteles propõe-se a refutar a tese dialética de que as virtudes possam existir separadamente. Ele argumenta contra a teoria socrático-platônica e usa conectivos lógicos que dão coesão interna a seu argumento. Ao afirmar *desta forma*, ele indica que está finalizando uma argumentação já desenvolvida nos parágrafos anteriores. O adicional *também* indica que ele acredita estar refutando o que havia afirmado antes sobre o pensamento socrático-platônico e que o mesmo argumento valeria para refutar especificamente a teoria dialética. O uso do conectivo lógico *de modo que* pretende esclarecer a teoria dialética. O adversativo *porém* estabelece um contraste entre seu pensamento e o socrático-platônico. O conectivo *com efeito* sugere que Aristóteles pretende finalizar sua argumentação a respeito da teoria por ele refutada.

Partindo para a ofensiva argumentativa, ele insere, no entanto, os conectivos *E, evidentemente* e *com efeito* para estabelecer o argumento contrário à tese original dos dialéticos, no caso, os defensores do pensamento socrático-platônico. Aristóteles, de forma progressiva, apresenta a tese que nega a unidade das virtudes e sua argumentação oposta de que as virtudes existem em unidade.

Outro exemplo de uso dos conectivos lógicos podemos ver no trecho a seguir, de *Confissões*, de Agostinho (1984, p. 163), em que esse filósofo, discorrendo sobre a substância divina, escreveu:

> Eu procurava descobrir as outras verdades, assim como já tinha descoberto que ser incorruptível é melhor que ser corruptível. Por isso eu confessava que tu, o que quer que fores, devias ser incorruptível. De fato, nenhum espírito pôde ou poderá jamais imaginar algo melhor que tu – supremo e perfeito bem. Sendo absolutamente certo e verdadeiro que o incorruptível é preferível ao corruptível (como eu já admitia), eu poderia, caso não fosse incorruptível, atingir com o pensamento algo mais perfeito do que o meu Deus.

Após refletir sobre a natureza incorruptível do ser divino, Agostinho (1984, p. 163-164, grifo nosso) conclui:

> **Portanto**, logo que percebi que o incorruptível é preferível ao corruptível, eu deveria ter buscado a ti imediatamente **e**, **daí**, partir para ver onde está o mal, **isto é**, de onde provém a própria corrupção, que de modo algum pode afetar tua substância. De modo algum pode a corrupção afetar o nosso Deus, seja por uma vontade, por qualquer necessidade ou por qualquer acontecimento imprevisto, **porque** ele é o próprio Deus, e tudo o que quer para si é bom, e ele próprio é o bem. Tu não podes ser obrigado a alguma coisa contra a tua vontade, pois tua vontade não é maior que o teu poder; e somente seria maior, se fosses maior que tu mesmo. O poder e a vontade de Deus são o próprio Deus. Para ti, que tudo conheces, existe acaso algo imprevisto? **Enfim**, nenhum ser existe, senão enquanto o conheces.

O texto citado de Agostinho (1984) mescla argumentações filosófica e teológica. No meio da argumentação, há conectivos lógicos. Ele usa o conectivo lógico *portanto* indicando que caminha para uma conclusão de sua argumentação, já iniciada no capítulo. No corpo da argumentação, aparecem outros conectivos. O uso do conectivo *enfim* nos leva a perceber que ele deseja concluir sua argumentação nesse parágrafo.

Valendo-se de uma argumentação fluente e lógica, Agostinho vincula a natureza incorruptível de Deus a sua perfeição e bondade. Ele também vincula a vontade ao poder de Deus, afirmando, assim, que o poderoso Deus também é eternamente bom.

Um texto filosófico, comumente, será o resultado de uma abordagem mista de imitação, composição como processo e abordagem epistêmica. Em outras palavras, em sua produção de textos filosóficos, um escritor iniciante segue um esquema previamente utilizado por alguém que tenha produzido escritos filosóficos anteriormente. Com o passar do tempo, a experiência possibilitará que o seu texto seja produto de pesquisas que envolvem processos de leitura, de compreensão, de seleção de dados e de esquematização. Assim, esse escritor expressará, cuidadosamente, uma ordem racional de argumentação que primará pela coerência e pela coesão.

1.5.2 Argumentação

É muito importante que o texto filosófico represente uma argumentação em si mesma. Um texto curto – um ensaio, uma resenha ou um resumo de um capítulo ou livro – demandará que o produtor do texto atente para a progressão da argumentação. Uma produção mais extensa – monografia, dissertação ou tese – exigirá, no entanto, que esse cuidado seja proporcionalmente maior. É importante não perder a linha argumentativa.

Antônio Soares de Abreu (2010, p. 18), professor de línguas neolatinas, em seu livro *A arte de argumentar*, define a argumentação como aquela "arte de convencer e persuadir". Segundo ele, o termo *convencer* procede do latim e, etimologicamente, significa "vencer com", ao contrário do conceito popularmente em voga de que convencer seja "vencer contra".

Já *persuadir* é uma palavra que está ligada à preposição *per*, que significa "por meio de", e *Suada*, que é o nome da deusa romana da persuasão. Dessa forma, *persuadir* significava "fazer algo por meio divino". Enquanto convencer é algo construído no campo das ideias, a persuasão se dá no campo das emoções (Abreu, 2010, p. 18).

Argumentar, por conseguinte, segundo Abreu (2010, p. 18), é, "em última análise, a arte de, gerenciando informação, convencer o outro de alguma coisa no plano das ideias e de, gerenciando relação, persuadi-lo, no plano das emoções, a fazer alguma coisa que nós desejamos que ele faça".

Segundo Abreu (2010), a arte de argumentar vale-se de muitos expedientes. Um dos mais comuns e antigos meios de argumentação é o discurso do senso comum. Não se trata de "um discurso articulado", mas de um discurso que permeia todas as classes sociais, formando o que se denomina *opinião pública*, abrangendo tanto pessoas humildes e iletradas quanto executivos de alto nível, com curso universitário completo" (Abreu, 2010).

O poder do discurso do senso comum é o "de dar sentido à vida cotidiana e manter o *status quo* vigente", porém, "tende a ser, ao mesmo tempo, retrógrado e maniqueísta" (Abreu, 2010, p. 23).

Os antigos professores de retórica de Atenas – os sofistas – contrapunham-se a esse modo de argumentação. Para eles, conforme Abreu (2010, p. 24), o senso comum ignora o desejo humano pelo que denominavam *maravilhamento*, que é "a capacidade de voltar a se surpreender com aquilo que o hábito vai tornando comum". Os sofistas introduziram, então, um tipo de argumentação que, para produzir o maravilhamento, primeiro, produzia o estranhamento, que é "a capacidade de tornar novo aquilo que já se tornou habitual em nossas vidas" (Abreu, 2010, p. 24).

O modo de proceder dos sofistas deu origem ao que podemos chamar de *discurso paradoxal*. O método paradoxal tinha sua técnica específica, caracterizando-se por "criar discursos a partir de um antimodelo, ou seja, escolhia-se algum tema sobre o qual já houvesse uma opinião formada pelo senso comum e escrevia-se um texto contrariando essa opinião" (Abreu, 2010, p. 24).

Abreu (2010, p. 28) esclarece que há algumas condições para que façamos uma boa argumentação: "A primeira condição da argumentação é ter definida uma tese e saber para que tipo de problema essa tese é resposta". Aquele que apresenta seus argumentos deve conhecer as reais necessidades de seus interlocutores: o que eles não sabem, o que querem saber e o que necessitam saber.

A segunda condição é ter uma "linguagem comum" com o auditório (Abreu, 2010, p. 29). Se a linguagem usada pelo argumentador não for inteligível ao seu público, ele não conseguirá convencer nem persuadir ninguém.

A terceira condição da argumentação é "ter um contato positivo com o auditório, com o outro" (Abreu, 2010, p. 29). Deve haver um clima amistoso entre quem argumenta e seu público. A ausência de amistosidade impedirá que o público reaja positivamente à argumentação. Se a ideia é convencer e persuadir, o clima amistoso é essencial e imprescindível.

A quarta condição, "a mais importante delas" segundo o autor, é "agir de forma ética", o que equivale a "dizer que devemos argumentar com o outro de forma honesta e transparente" (Abreu, 2010, p. 29). Se não houver uma postura ética da parte do argumentador, não haverá argumentação, mas, sim, manipulação do público.

Abreu (2010) lista alguns tipos mais comuns de argumentação. Segundo ele, além do discurso do senso comum e do discurso paradoxal dos antigos, há ainda a argumentação por retorsão. Nesse tipo de argumentação, fazemos uma réplica a um argumento anteriormente expresso "utilizando os próprios argumentos do interlocutor" (Abreu, 2010, p. 39).

Outro tipo de argumentação é o argumento do ridículo, que "consiste em criar uma situação irônica, ao se adotar, de forma provisória, um argumento do outro, extraindo dele todas as conclusões, por mais estapafúrdias que sejam" (Abreu, 2010, p. 41).

Há um tipo de argumentação muito comum a qual podemos denominar *argumento por definição*. Esse tipo de argumento consiste em definir os elementos fundamentais do texto ou da fala. As definições podem ser "lógicas, expressivas, normativas e etimológicas" (Abreu, 2010, p. 43).

Os argumentos fundamentados na estrutura do real são aqueles que "não estão ligados a uma descrição objetiva dos fatos, mas a pontos de vista, ou seja, a opiniões relativas a ele" (Abreu, 2010, p. 46). Já o argumento pragmático "fundamenta-se na relação de dois acontecimentos sucessivos por meio de um vínculo causal" (Abreu, 2010, p. 47). O tipo mais comum de argumento pragmático é aquele que promove a transferência de valor de uma consequência para a sua causa.

O argumento da prevenção fundamenta-se no esforço do argumentador em prevenir seu público de que tal e tal coisa possui potencial de danos e que o público precisa antecipar-se a esses possíveis danos por meio de ações que inviabilizem a efetivação de seus efeitos maléficos.

Abreu (2010) enumera ainda o argumento do desperdício, argumento pelo exemplo, pelo modelo e antimodelo e pela analogia. Falando em termo de desperdício, o argumentador pode dizer a seu público que algo iniciado não pode ser interrompido sem que haja uma considerável perda de esforços e recursos (Abreu, 2010).

A argumentação por exemplo acontece quando o argumentador apresenta a seu público algo ou alguém a quem deve imitar (Abreu,

2010). O sábio Salomão, por exemplo, exortou o preguiçoso a observar a diligência das formigas ao dizer: "Vai ter com a formiga, ó preguiçoso, considera os seus caminhos e sê sábio" (Bíblia. Provérbios, 2024, 6:6).

A argumentação pelo modelo e pelo antimodelo é uma variação do argumento por exemplo. Nele, o argumentador pode valer-se de bons exemplos a serem seguidos por seu público e maus exemplos a serem evitados por ele (Abreu, 2010).

A argumentação por analogia ocorre quando o argumentador vale-se de "um fato que tenha uma relação analógica com a tese principal" (Abreu, 2010, p. 50). Ao tentar convencer seus contemporâneos de que a interrupção do ciclo menstrual por meio de medicações seria desejável às mulheres e saudável também, o médico Elsimar Coutinho foi contestado por seus interlocutores, que afirmavam que esse procedimento não era natural, ao que o médico respondeu: "nem tudo aquilo que é natural é bom" (Abreu, 2010, p. 50). Para sustentar sua tese, ele apresentou os efeitos danosos dos terremotos, das enchentes, da infecção por bactérias como situações análogas ao ciclo natural da menstruação, nem por isso desejáveis ou benéficos (Abreu, 2010).

Marcus Sacrini, em seu livro *Introdução à análise argumentativa: teoria e prática*, explica que a argumentação vai além da elaboração de sentenças, que são um conjunto ordenado de palavras. Sacrini (2016, p. 19) esclarece que devemos adicionar a inferência às sentenças:

> A inferência é o próprio processo de conectar, pela leitura ou enunciação, as premissas e a conclusão. Ela não é, então, um dado material tal como as sentenças; ela não se exibe imediatamente como algo percebido no mesmo nível delas. É preciso realizar a passagem entre as sentenças para produzi-la. É verdade que a inferência pode ser tematizada como um objeto, e então analisada em termos dos seus graus de força ou de suas falhas, mas isso exige outras habilidades que a mera atestação imediata das sentenças que compõem um argumento.

Ao ler as *Meditações metafísicas*, por exemplo, perceberemos o cuidado que Descartes (2021) teve em manter sua argumentação numa progressão contínua, e isso ele faz mediante retomadas e reiterações daquilo que afirmou anteriormente no intuito de poder avançar para meditações mais profundas.

Ao iniciar o segundo capítulo de suas *Meditações metafísicas*, Descartes teve a preocupação de revisar as seis meditações elaboradas no primeiro capítulo. A retomada que ele faz na introdução do segundo capítulo situa o leitor no fluir de suas ideias e, ao mesmo tempo, prepara-o para avançar na reflexão filosófica.

Num texto filosófico, podemos, ao introduzir um novo capítulo, fazer menção intencional e explícita a tudo o que foi dito anteriormente nos capítulos que trataram de temas relevantes para o novo capítulo que se inicia. Descartes deu o exemplo em suas *Meditações metafísicas*.

Em sua primeira meditação, ele propõe-se a identificar tudo o que possa ser passível de ser colocado em dúvida. Na segunda, ele vale-se do conceito de liberdade intelectual para reduzir, ao máximo, as proposições até alcançar aquilo de que se possa ter a menor dúvida possível.

Na terceira, ele detém-se em explicar suas razões de acreditar na existência de Deus. Na quarta, dedica-se a explicar "em que consiste a razão do erro ou falsidade". Na quinta, discorre sobre a natureza dos corpos e retoma o tema da existência de Deus. Na sexta e última meditação, distingue "a ação do entendimento da ação da imaginação", mostrando "que a alma do homem é realmente distinta do corpo e que, todavia, ela lhe é tão estreitamente conjugada e unida que compõe como que uma mesma coisa com ele" (Descartes, 2021, p. 54).

Descartes seguiu uma regra implícita da racionalidade que é a unidirecionalidade, a qual, de acordo com Sacrini (2016, p. 21), é aquele "movimento inferencial argumentativo" que "sempre parte das premissas para chegar à conclusão".

Sacrini (2016) enfatiza a necessidade de oferecermos aos leitores sentenças definidoras de termos que serão usados no texto. Segundo ele, "o objetivo geral das premissas de definições é fixar o sentido de termos ou expressões utilizadas nas outras sentenças do argumento" (Sacrini, 2016, p. 186).

Numa revisão final, devemos observar se algum termo usado no texto precisa ser aclarado. O ideal é que o leitor não precise recorrer a outros textos para obter esclarecimentos a respeito de termos obscuros encontrados em sua leitura.

Sacrini (2016) identifica cinco tipos de definições:

1. Definição estipulativa: Usada quando o termo é novo e se constitui um neologismo.
2. Definição lexical: Estabelece o sentido real do termo usado naquele contexto de pesquisa.
3. Definição precisadora: Clarifica o sentido de determinados termos que carecem de contexto para serem evidentes.
4. Definição teórica: Quando o termo implica uma teoria defendida por algum pensador específico.
5. Definição persuasiva: Traz consigo o peso de aprovação ou desaprovação de determinado conceito.

À medida que o texto flui, é importante fazer com que haja diálogo de autores, os quais podem ser colocados em relação de concordância ou de discordância.

Por meio de uma argumentação consistente, é possível levar o leitor de um ponto de nenhuma ou pouca noção de determinado assunto até o ponto em que ele tenha uma noção mais adequada a respeito deste. Um leitor que leia o texto que produzimos deve, ao terminar sua leitura, ter a impressão de que seu conhecimento a respeito do tema foi ampliado e ele está em condições de reproduzir, oralmente ou de forma escrita, com um nível satisfatório de êxito.

Todo texto filosófico deve ser produzido na intenção de fomentar que outros textos sejam produzidos com base em sua leitura. Um diálogo começado na antiga Grécia, há mais de três milênios, não pode e não deve ser encerrado num texto produzido por alguém em pleno século XXI.

1.5.3 Coesão e coerência textuais

Assim como qualquer outro texto de outro gênero ou tema, um bom texto filosófico constrói-se por meio da coerência e da coesão. Em seu livro *Lutar com palavras: coesão e coerência*, a doutora em linguística Irandé Antunes (2020, p. 10) sustenta que a arte de escrever é "uma atividade de interação", portanto, o escritor precisa ter em mente que não escreve para si, ele escreve para outro, o leitor. Em vista disso, o escritor deve, conscientemente, reconhecer que escrever é "uma atividade que exige um movimento para o outro, definindo esse outro como seu interlocutor" (Antunes, 2020, p. 10).

Mais do que seguir regras ortográficas e gramaticais, o escritor precisa desenvolver ideias, distribuir os tópicos, fazer uma seleção lexical e contextualizar seu estilo de escrita aos seus destinatários. Para ser bem-sucedido nesse empreendimento de comunicar suas ideias, o escritor precisará ser coerente e coeso em sua produção.

Antunes (2020, p. 16) lamenta que a temática da coerência e da coesão na produção de textos tenha sido relegada a uma abordagem de pouca importância:

A questão da coesão tem sido, em geral, pouco ou quase nada tratada pelas gramáticas e, só muito recentemente, um ou outro livro didático traz observações acerca dessa propriedade textual. Em geral, essas observações são apresentadas de forma superficial, incompletas e, por vezes, com algumas inconsistências. Assim, pode-se admitir que as questões da coesão e da coerência não são exploradas de forma satisfatória, nem mesmo nas aulas de língua.

Um texto incoerente e sem coesão falha em sua missão de transmitir, com clareza, um pensamento a respeito da temática proposta. Um texto filosófico que careça de coerência e coesão torna a compreensão adequada impossível ao leitor e dificulta que ele reproduza algo sobre o referido texto. A leitura de um texto ruim, mal formulado e sem clareza impede que o leitor identifique a ideia principal porque um texto assim é aquele em que "cabe tudo e tudo se acomoda" (Antunes, 2020, p. 16).

Um texto coerente e coeso requer o planejamento antecipado e uma revisão final cuidadosa. Além de ser uma atividade "que exige um movimento para o outro" (Antunes, 2020, p. 11), a escrita é também "uma atividade tematicamente orientada", ou seja, deve haver, no texto a ser produzido, "uma ideia central, um tópico, um tema global que se pretende desenvolver" (Antunes, 2020, p. 32).

Outro aspecto apontado por Antunes (2020) é que a escrita é uma atividade intencionalmente definida, ou seja, há uma finalidade previamente definida, um objetivo a ser alcançado. Num projeto de escrita, seja de que natureza for, há a necessidade de estabelecermos um objetivo principal e outros objetivos secundários para a pesquisa a ser produzida.

Como destaca Antunes (2020, p. 35), a escrita também é "uma atividade que retoma outros textos". Textos próximos ou remotos são trazidos à pesquisa no intuito de promover um diálogo entre pensadores.

Essa rede de argumentações, convergente ou divergente, promove um saber que é, em si, novo e mais rico do que os anteriores.

Antunes (2020, p. 35) ressalta que a escrita é "uma atividade em relação de dependência com a leitura", ou seja, a produção textual é a contrapartida da leitura, a parte que a complementa, bem como seu exercício e sua prática.

Antunes (2020) esclarece que o texto é um conjunto de palavras que deve ter algumas características essenciais, como coesão, coerência, informatividade e intertextualidade. A **informatividade** é a qualidade de acrescentar conhecimento ao leitor, ou seja, trazer dados novos para serem somados aos dados já conhecidos pelo leitor. Quando produzimos um texto, sempre consideramos o conhecimento já dominado pelo leitor, mas não podemos apenas tratar do que ele já conhece, uma vez que dados novos lhe trarão novas informações.

A **intertextualidade**, por sua vez, é a "conversa" de um texto com outros já produzidos e conhecidos, ou seja, são marcas, referências (explícitas ou implícitas) a outros textos. Como dissemos, em um texto não podemos apenas repetir o que já foi escrito, mas também não teremos como acrescentar dados novos sem que consideremos o conhecimento do leitor para acrescentar a ele mais informações por meio da refutação, da crítica ou da simples referência a outros tantos textos que circulam na sociedade.

Por *coesão* devemos entender o encadeamento que deve estar presente em qualquer texto para que ele seja compreensível, principalmente, na argumentação. O que foi escrito antes deve estar relacionado ao que segue e tudo deve encaminhar para uma conclusão que seja lógica e compreensível a quem lê. Como detalha Antunes (2020, p. 46):

> ninguém fala assim: trazendo aos pedaços desarticulados, soltos, as coisas que se quer dizer. Tudo vem em cadeia, encadeado, umas partes

ligadas às outras, de maneira que nada fica solto e um segmento dá continuidade a outro. O que é dito em um ponto se liga ao que foi dito noutro ponto, anteriormente e subsequentemente. Assim, cada segmento do texto – da palavra ao parágrafo – está preso a pelo menos um outro.

A coesão pressupõe a existência de uma unidade. Um texto coeso é uno e integral, ou seja, ele começa e termina abordando uma única temática ou, caso seja multitemática, os vários temas estão de tal maneira dispostos que formam uma nova unidade. Como um tapete que foi tecido manualmente, cada fio está entrelaçado ao outro de modo que não sejamos levados a vê-los separadamente, mas sim a peça inteira.

A coesão promoverá a continuidade e a fluência argumentativa do texto. A articulação das ideias e seu encadeamento farão com que o texto tenha uma unidade interna sólida. Como explica Antunes (2020, p. 47), é a coesão que dará ao texto "a unidade de sentido ou unidade temática" e promoverá "a continuidade do texto, a sequência interligada de suas partes, para que não se perca o fio de unidade que garante a sua interpretabilidade".

A coesão será o laço que não deixará o texto ter pontas soltas.

Num texto curto, é mais fácil manter a coesão. Num texto mais extenso (com mais de 10 páginas), a coesão pode ficar comprometida. Se lidarmos com um capítulo e, com base nele, produzirmos uma resenha, um resumo ou um fichamento, teremos relativa facilidade em manter a coesão do texto ao desenvolver uma introdução, um desenvolvimento e uma conclusão. Ao desenvolver um texto mais extenso, no entanto, devemos tomar cuidado para não nos perdermos no caminho, indo por direções que não nos permitirão retomar a temática inicial.

Para que a coesão seja mantida, é preciso fazer retomadas, algo análogo a uma correção de rotas. Essas retomadas são feitas no decorrer do texto por meio de parágrafos que remetam o leitor a considerar novamente o tema proposto incialmente. Outra forma efetiva de não perder a coesão textual é associar e conectar os capítulos que integram a produção escrita.

Ressaltando a necessidade de coesão textual, Irandé Antunes (2020, p. 172) explica que, para haver coesão num texto, é necessário usar "paráfrases, paralelismos; repetições; substituições pronominais e adverbiais; elipses; substituições por um sinônimo, um hiperônimo, um caracterizador; associações semânticas entre palavras e conectores". A autora ainda esclarece que não é necessário que, num só texto, haja todos esses elementos, porém a ausência deles pode comprometer o resultado desejado, pois, "sem gramática, não se faz um texto. Mas, também, que não se faz um texto apenas com gramática" (Antunes, 2020, p. 173).

Em seu livro *Coesão e coerência textuais*, a professora Leonor Lopes Fávero explica que há dois tipos de coesão: 1) microtextual e 2) macrotextual. A coesão microtextual, segundo Fávero (2009, p. 10), refere-se aos "modos como os componentes do universo textual, isto é, as palavras que ouvimos ou vemos, estão ligados entre si dentro de uma sequência". Já a coesão macrotextual diz respeito aos "modos como os componentes do universo textual, isto é, os conceitos e as relações subjacentes ao texto de superfície, se unem numa configuração, de maneira reciprocamente acessível e relevante" (Fávero, 2009, p. 10)[1].

Fávero (2009, p. 13) esclarece que a coesão textual constrói-se por meio de "concatenações frásicas lineares" que têm uma dependência de

---

[1] Não é objetivo desta obra, nem há espaço, aprofundar os temas da coesão e da coerência textuais. O domínio desses temas é construído por seu estudo e pela prática da leitura e da escrita. Por essa razão, sugerimos a consulta e o estudo das obras de Antunes (2020) e Fávero (2009), listadas na Seção "Referências".

cinco categorias de procedimentos ou funções: 1) referência; 2) substituição; 3) elipse; 4) conjunção; e 5) léxico.

A referência é um procedimento ou uma função "pela qual um signo linguístico se relaciona a um objeto extralinguístico" e pode "ser situacional ou exofórica (isto é, extratextual) e textual ou endofórica" (Fávero, 2009, p. 13). A respeito da natureza endofórica, Fávero (2009, p. 13-14) esclarece que ela pode ser anafórica, "quando um item de referência retoma um signo já expresso no texto", ou catafórica, quando "o item de referência antecipa um signo ainda não expresso no texto" (Fávero, 2009, p. 13-14).

Fávero (2009, p. 14) ainda esclarece que há três tipos de referência: 1) pessoal, quando usamos pronomes pessoais e possessivos; 2) demonstrativa, quando usamos pronomes demonstrativos e advérbios indicativos; 3) comparativa, quando fazemos a referência por "via indireta, através de identidades ou similaridades".

O procedimento ou função de substituição implica a "colocação de um item no lugar de outro(s) ou até uma oração inteira" (Fávero, 2009, p. 14). A substituição pode ser nominal, quando feita "por meio de pronomes pessoais, numerais, indefinidos, nomes genéricos como coisa, gente, pessoa", ou verbal (Fávero, 2009, p. 14).

O procedimento ou função elipse é a "omissão de um item lexical recuperável pelo contexto, ou seja, a substituição por zero (0)" (Fávero, 2009, p. 14). A elipse, conforme esclarece a autora, pode ser de elementos nominais, verbais ou oracionais.

O procedimento ou função de conjunção, segundo Fávero (2009, p. 14), tem "uma natureza diferente das outras relações coesivas por não se tratar, simplesmente, de uma relação anafórica". Isso se dá porque "os elementos conjuntivos são coesivos não por si mesmos, mas indiretamente, em virtude das relações específicas que se estabelecem entre as orações, períodos e parágrafos" (Fávero, 2009, p. 14).

Fávero (2009, p. 14) explica ainda que "os principais tipos de elementos conjuntivos são: advérbios e locuções adverbiais; conjunções coordenativas e subordinativas; locuções conjuntivas, preposições elocuções prepositivas, itens continuativos como *então, daí* etc.".

Quanto ao procedimento ou função lexical, Fávero (2009, p. 14) afirma que ela "é obtida pela reiteração de itens lexicais idênticos ou que possuem o mesmo referente". Nisso está incluso "o uso de nomes genéricos cuja função coesiva está no limite entre as coesões lexical e gramatical"; esses nomes estão "a meio caminho do item lexical, membro de um conjunto aberto e do item gramatical, membro de um conjunto fechado".

Sobre a questão da coerência, Fávero (2009, p. 10) esclarece que ela é "manifestada em grande parte macrotextualmente, refere-se aos modos como os componentes do universo textual, isto é, os conceitos e as relações subjacentes ao texto de superfície, se unem numa configuração, de maneira reciprocamente acessível e relevante" (Fávero, 2009, p. 10). Dessa forma, a coerência é "o resultado de processos cognitivos operantes entre os usuários e não mero traço dos textos (Fávero, 2009, p. 10).

Como explica Fávero (2009, p. 11), a coesão e a coerência se "constituem fenômenos distintos pelo fato de poder haver um sequenciamento coesivo de fatos isolados que não têm condição de formar um texto". Isso se dá, porque "a coesão não é condição nem suficiente nem necessária para formar um texto".

Além disso, segundo Fávero (2009, p. 11), há outro fator que implica distinção entre coesão e coerência, que é o de "poder haver textos destituídos de coesão, mas cuja textualidade se dá ao nível da coerência".

A coerência textual, portanto, é a propriedade que possibilita ao leitor perceber o sentido do texto, sua inteligibilidade, sua capacidade de transmitir, de modo claro, uma mensagem entre os interlocutores do texto. Se a coesão olha para o todo, a coerência relaciona-se com as partes. É preciso haver coerência nas partes e entre elas. Não pode haver elementos estranhos ao texto. Cada parágrafo deve ser coerente em si e em relação aos que o antecederam e aos que o sucedem.

Vejamos um exemplo proposto por Irandé Antunes (2020, p. 174) nesse poema anônimo: "Subi a porta e fechei a escada. Tirei minhas orações e recitei meus sapatos. Desliguei a cama e deitei-me na luz. Tudo porque Ele me deu um beijo de boa noite [...]"

Considerando um ambiente como uma casa comum, por questão de lógica, não subimos a porta ou fechamos a escada. O coerente é subir a escada e fechar a porta. Não tiramos orações ou recitamos sapatos, o inverso é que é coerente. Igualmente não desligamos a cama ou nos deitamos na luz. Na verdade, por meio desse texto, a autora quer expressar que o beijo de boa-noite a atordoou de tal forma que fez tudo inverter-se. A coerência, portanto, precisa ser buscada não na exatidão gramatical ou lexical, mas no todo do texto. Por se tratar de um texto poético, é possível fazer concessões a sua lógica. Essa concessão não pode ser feita, contudo, quando se trata de um texto filosófico.

Como esclarece Antunes (2020, p. 176):

> A coerência não é, portanto, uma propriedade estritamente linguística nem se prende, apenas, às determinações meramente gramaticais da língua. Ela supõe tais determinações linguísticas; mas as ultrapassa. E, então, o limite é a funcionalidade do que é dito, os efeitos pretendidos, em função dos quais escolhemos esse ou aquele jeito de dizer as coisas.

Ser coerente é fazer sentido. O texto precisa ser claro e compreensível a quem o lê. Se não há compreensão no texto, o principal responsável por isso é quem o produziu. Como afirma Antunes (2020, p. 176), a coerência é "uma propriedade que tem a ver com as possibilidades de o texto funcionar como uma peça comunicativa, como um meio de interação verbal", variando de acordo com a natureza do texto e sua finalidade. Enquanto um texto poético permite concessão poética, um texto filosófico exige o rigor necessário às suas naturezas científica e racional.

Há uma interdependência entre coesão e coerência. Nosso aparato mental nos indica que deve haver uma progressividade argumentativa num texto científico, e a ausência de coesão e de coerência impede que percebamos, no texto, essa exigência mínima para a compreensão efetiva. Nossa mente ressente-se da aleatoriedade quando o assunto é texto científico ou filosófico.

Citando Michel Charolles, linguista europeu, Irandé Antunes (2020) lista algumas regras para alcançarmos coerência na produção escrita.

A primeira regra afirma que um texto coerente (microestruturalmente ou macroestruturalmente) precisa comportar "em seu desenvolvimento linear elementos de estrita recorrência" (Antunes, 2020, p. 182). Essa regra diz respeito às retomadas referidas anteriormente. A segunda regra se refere à progressividade argumentativa. Ela afirma que a coerência de um texto depende "que seu desenvolvimento contenha elementos semânticos constantemente renovados" (Antunes, 2020, p. 183).

A terceira regra tem um pressuposto aristotélico, ou seja, ela afirma que um texto coerente não pode ter contradições. Ela afirma que, no desenvolvimento de um texto coerente, não é permitida a introdução de "nenhum elemento semântico que contradiga um conteúdo posto ou pressuposto anteriormente" (Antunes, 2020, p. 184). A quarta e última regra diz respeito à necessidade de que, no texto, "os fatos que ele expressa estejam relacionados entre si no mundo representado" (Antunes, 2020, p. 185).

Sem coesão e sem coerência, o texto fica desconexo e não é possível haver uma compreensão. O sentido está a serviço da compreensão e a clareza é a gentileza do filósofo.

Síntese

Neste capítulo, vimos que a leitura de textos filosóficos é uma atividade fundamental para quem almeja obter conhecimento sobre filosofia, ciência que exige dedicação e empenho em compreender e aprofundar-se em conceitos, ideias e modos variados de pensamento. A leitura de textos filosóficos precisa ser acompanhada de um esforço consciente em busca de compreensão.

Observamos que a atividade de produção de um texto filosófico também representa um desafio que exigirá esforço consciente e planejado. É preciso submeter-se a uma série de procedimentos metodológicos baseados em boa pesquisa e seletividade de material.

A busca por coesão e coerência também foi tema deste capítulo, por ser um aspecto essencial para que o texto seja bem escrito e consiga transmitir ao leitor o pensamento do escritor, sem que haja necessidade de mais esclarecimentos.

Também verificamos que tanto a macroestrutura como a microestrutura textual precisam apontar na mesma direção, a fim de que a comunicação seja límpida e fluente. Para isso, o texto e o contexto deste precisarão estar em harmonia.

Ainda, mostramos que uma boa argumentação será de grande ajuda para que o texto escrito seja perfeitamente acessível ao leitor e possibilite que ele absorva o conteúdo de forma efetiva e prática. Aprender a pensar é uma decorrência de aprender a ler, obter uma boa compreensão e saber articular ideias e conceitos com propriedade.

Atividades de autoavaliação

1. Assinale a alternativa que indica corretamente a definição de *leitura*:
    a) Articular oralmente os conceitos concretos e abstratos.

b) Grafar os argumentos de forma coesa e coerente.
c) Decodificar os símbolos gráficos e compreender de modo significativo o que está posto no texto.
d) Traduzir em termos acessíveis conceitos de difícil elucidação.
e) Decodificar os símbolos no intuito de analisar os elementos gramaticais.

2. Assinale a alternativa que indica corretamente o que significa *compreender*:
   a) Atribuir novo sentido ao que foi dito ou escrito.
   b) Decodificar um texto com vistas à apreensão/recepção da mensagem nele contida.
   c) Formular criticamente uma argumentação em objeção ao texto lido.
   d) Comunicar, de forma intersubjetiva, uma ideia ou conceito.
   e) Explicar com riqueza de detalhes um conceito abstrato.

3. Assinale a alternativa que apresenta uma definição correta de *filosofia*:
   a) É a explicação da totalidade sem a exclusão de suas partes ou do momento delas.
   b) É uma ciência como todas as demais, sem nenhuma distinção em relação a elas.
   c) É um conjunto de especulações sobre a vida, o destino e como as pessoas podem ser melhores.
   d) É um diálogo desprovido de qualquer objetividade ou praticidade.
   e) É um diálogo truncado entre expositor e interlocutores.

4. Assinale a alternativa que apresenta a definição correta de *textos filosóficos*:

a) São produções de pensadores que expressam sua descrença na possibilidade de conhecer-se efetivamente.
b) São produções de filósofos antigos que se dedicavam unicamente a discutir sobre como podemos viver bem.
c) São textos canonizados que não podem ser objeto de contradição ou críticas.
d) São textos produzidos intencionalmente, seguindo uma metodologia própria, com uma argumentação racional sobre a totalidade, sem perder de vista suas partes.
e) São produções acadêmicas para circulação restrita no meio intelectual.

5. Assinale a alternativa que indica corretamente as etapas da leitura analítica:
a) Micro, média, macro e mega leitura.
b) Análise textual, análise temática, análise interpretativa, problematização e reelaboração reflexiva.
c) Análise crítica, reflexão existencial, discussão em grupos, problematização.
d) Exposição do texto, discussão por temas, apresentações de sínteses, painéis.
e) Discussões temáticas, megaleitura e problematização.

6. Assinale a alternativa que indica corretamente a definição de *fontes primárias*:
a) São comentários atuais de textos antigos de filosofia.
b) São textos escritos ou em grego ou em latim.
c) São textos escritos pelos próprios filósofos e principal fonte da filosofia como objetivação cultural.

d) São textos escritos em forma de prosa, com linguagem metafórica.

e) São rascunhos produzidos por escritores inexperientes.

7. Assinale a alternativa que indica corretamente os passos iniciais na elaboração de um texto filosófico:

   a) Identificar o autor, a escola filosófica a que o texto pertence e a data de publicação do texto.

   b) Identificar o idioma original do texto e o uso de léxicos da língua original, bem como fazer o levantamento de contexto histórico-literário.

   c) Identificar o objeto de pesquisa, delimitar o objeto de pesquisa, identificar o autor e o contexto histórico-literário, fazer o levantamento bibliográfico.

   d) Organizar o sumário e elaborar a introdução, a conclusão e as dedicatórias.

   e) Elaborar um plano de escrita, relacionar as obras a serem pesquisadas, elaborar um sumário e fazer uma dedicatória.

8. Assinale a alternativa correta sobre coesão e coerência:

   a) Coesão é interna e coerência é externa.

   b) Coesão relaciona-se com o todo e coerência, com as partes.

   c) Coesão está relacionada com transições e coerência, com os parágrafos.

   d) Coesão relaciona-se com o desenvolvimento e coerência, com a conclusão.

   e) Coesão se refere aos argumentos internos e coerência, aos externos.

9. Assinale a alternativa correta a respeito da argumentação:

   a) É um conjunto de ideias aleatórias que precisam ser decodificadas mediante o uso de um léxico e de dicionários específicos.

b) É um conjunto de conectivos gramaticais que formam uma espécie de código compreendido unicamente por quem o produziu.
c) É um conjunto de sentenças conectadas entre si de forma intencional, objetivando a enunciação e a exposição de uma ideia.
d) É um conjunto de citações de filósofos renomados em diálogos com seus discípulos numa disputa dialética.
e) É o encadeamento das ideias expostas pelo autor em contraposição às ideias dos autores citados por ele.

10. Assinale a alternativa que indica corretamente os tipos de definição, segundo Marcus Sacrini (2016):
    a) Analítica, sintética, expositiva e delimitadora.
    b) Crítica, particular, universal e cumulativa.
    c) Contextual, geral, específica e genérica.
    d) Estipulativa, lexical, precisadora e teórica.
    e) Crítica, universal, delimitadora e genérica.

Atividades de aprendizagem

Questões para reflexão

Elabore um texto escrito de, no máximo, duas páginas relatando sua experiência com a leitura de textos filosóficos, respondendo às duas perguntas a seguir.

1. Antônio Joaquim Severino (2014) propõe que façamos uma leitura analítica dos textos filosóficos. Cada etapa é essencial para que possamos avançar a outras. Pensando em sua realidade, em relação a seu contato com os textos filosóficos, em qual das etapas

citadas por Severino está sua leitura? Quais impedimentos poderá encontrar para galgar novos patamares em sua leitura dos textos filosóficos?

2. A argumentação ocupa um lugar de destaque na filosofia. Ao ter contato com um texto filosófico primário, quais as suas dificuldades para acompanhar a argumentação do autor? Haverá dificuldades para compreender a argumentação sem recorrer a fontes secundárias? Quais as razões de sua facilidade ou de sua dificuldade para compreender argumentos claramente filosóficos?

Atividade aplicada: prática

1. Leia o Capítulo 1 do Livro I de *Ética a Nicômaco*, de Aristóteles (seguindo a numeração Bekker, 1094a1-1094a17). Procure o significado de termos desconhecidos em um dicionário. Em seguida, proceda a uma leitura analítica do texto e coloque outras estratégias de compreensão abordadas neste capítulo em prática. Elabore um texto escrito de até 30 linhas com considerações a respeito de sua compreensão. Compartilhe o resultado de sua leitura com seu grupo de estudo.

2

**Textos
filosóficos
clássicos**

Neste capítulo, ocuparemo-nos da exposição e da análise dos textos filosóficos produzidos nos primórdios da filosofia grega antiga, berço de toda a filosofia Ocidental. Iniciaremos com uma breve exposição das ideias dos principais filósofos denominados *pré-socráticos* e, em seguida, daremos atenção especial aos textos filosóficos produzidos por Platão e por Aristóteles, esses, sim, representantes do classicismo filosófico grego antigo.

A metodologia socrático-platônica e aristotélica para chegarmos ao conhecimento, servirá de fio condutor para compreendermos como devemos ler os textos filosóficos produzidos por eles.

Também comentaremos a respeito dos textos pós-socráticos, ou helenísticos, e apresentaremos um texto extraído do diálogo *A República*, de Platão, como exemplo de um texto filosófico clássico. Faremos uma análise à luz de diversos comentaristas e, assim, exemplificaremos como ler um texto filosófico clássico.

Este capítulo servirá de introdução à prática de ler e compreender textos filosóficos e, ao mesmo tempo, como um mergulho no pensamento de diversos filósofos que produziram seus escritos no período denominado *filosofia antiga*. Os pré-socráticos serão apresentados na intenção de oferecer uma visão adequada das questões levantadas e discutidas pelos dois principais filósofos do período clássico da filosofia grega, Platão e Aristóteles.

2.1
Autores pré-socráticos

Devemos entender como *pré-socráticos* os textos produzidos antes de Sócrates, mais propriamente antes da produção platônica dos seus diálogos, nos quais Sócrates aparece como figura central dos debates.

Os filósofos pré-socráticos são também conhecidos como *filósofos naturalistas e arquetípicos* por se ocuparem, basicamente, com o assunto da *physis* – a natureza – e os *archês* – as origens. Por natureza, devemos entender "no sentido antigo e originário do termo", a realidade em "seu fundamento", ou seja, seus princípios e sua essência. Os *archês* (princípios) são as origens, "aquilo de que derivam e em que se resolvem todas as coisas, e aquilo que permanece imutável mesmo nas várias formas que pouco a pouco assume" (Reale; Antiseri, 2003a, p. 17).

Os filósofos pré-socráticos são divididos em grupos distintos, de acordo com sua origem geográfica ou sua opção no debate cosmológico: jônicos, pitagóricos, eleatas e trácios (ou filósofos de Abdera). No debate a respeito das origens das coisas e sua essência, eles podem ser organizados em dois grupos distintos: 1) monistas, que defendem que há uma só origem para tudo que existe; e 2) pluralistas, que defendem haver mais de uma origem para todas as coisas existentes.

Entre os jônicos, procedentes da província de Jônia, destacam-se Tales, Anaximandro, Anaxímenes, Heráclito e Anaxágoras de Éfeso.

Em *Noções de história da filosofia*, o padre Leonel Franca (2020) afirma que os filósofos pitagóricos faziam parte de uma escola filosófico-político-religiosa cuja sede ficava em Samos. Segundo Franca (2020, p. 46), os pitagóricos criam que "o número é o fundamento de tudo, é o princípio essencial de que são compostas todas as coisas". Para os pitagóricos, toda a realidade lhes parecia que fosse feita à imagem dos números e que os números fossem aquilo que é primário em toda a realidade, sendo eles "elementos de todas as coisas, e que todo o universo fosse harmonia e número (Reale; Antiseri, 2003a, p. 26).

O padre Leonel Franca, em sua obra *Noções de história da filosofia*, afirma que os eleatas negavam "a multiplicidade e sucessões de seres" e reputavam essas coisas como "ilusões dos sentidos" (Franca, 2020, p. 48). Eles afirmavam "em nome da razão, a unicidade, eternidade e imutabilidade do ser" (Franca, 2020, p. 48-49). Seus principais teóricos foram Xenófanes, Parmênides, Melisso de Samos e Zenão de Eleia.

Os filósofos de Abdera, segundo Batista Mondin (1981, p. 224), em sua obra *Introdução à filosofia*, tentaram conciliar o monismo rígido dos eleatas com "as exigências do senso comum". Para eles, "os elementos primitivos são imutáveis e dotados de movimento local", todavia, são também homogêneos e indivisíveis. É impossível, segundo eles, que o "não-ser" exista, e há, no ser, uma multiplicidade de sentidos (Mondin, 1981, p. 224). Entre os filósofos de Abdera, destacaram-se Leucipo, Demócrito e Empédocles de Agrigento.

Os filósofos pré-socráticos, assim como os filósofos acadêmicos (Sócrates, Platão e Aristóteles), primavam pela teoria epistemológica objetivista. Essa teoria, segundo Russel Norman Champlin e João Marques Bentes(1995a, p. 564), em *Enciclopédia de Bíblia, teologia e filosofia*, afirma que os objetos e as entidades reais "existem de maneira totalmente independente" de nossa percepção deles. Opõe-se à teoria epistemológica objetivista o ceticismo e o subjetivismo.

Embora seja verdade o que afirma Champlin e Bentes (1995a), há exceções a essa regra. No caso de Zenão de Eleia, percebemos o desenvolvimento de uma visão cética em relação à capacidade de conhecer-se. Para ele, todo movimento é ilusório, um contrassenso. As ideias de Zenão influenciaram Sócrates e, consequentemente, Platão, no desenvolvimento do método dialético. O método dialético, segundo opinião de Norman Geisler e Paul Feinberg, em *Introdução à filosofia: uma perspectiva cristã* (1989), é uma evolução do método de Zenão, conhecido como *reductio ad absurdun*, expressão que significa "redução ao absurdo".

Importante!

É importante ressaltar que as informações mais relevantes e confiáveis que temos a respeito da biografia e da produção literária dos filósofos pré-socráticos procedem de Diógenes Laércio (180-240 d.C.), historiador e biógrafo dos filósofos antigos. Sua obra *Vidas e doutrinas dos filósofos ilustres* (Laêrtios, 1987) expõe as ideias dos pensadores mais importantes da Grécia antiga, desde as origens da filosofia passando pelos escritos dos sete sábios até os últimos integrantes das escolas remanescentes da filosofia helênica. Diógenes Laércio expõe, nessa obra, o pensamento de cerca de 80 filósofos.

Mário da Gama Cury, no prefácio da tradução em português de *Vida e doutrinas dos filósofos ilustres*, observa que:

A intenção de Diógenes Laércio é apresentar os principais pensadores gregos, tanto os "sábios" mais antigos quanto os filósofos propriamente ditos. Antes da obra de nosso autor já haviam sido escritos numerosos livros do mesmo gênero, de muitos dos quais ele faz transcrições e citações, porém somente sua obra conservou-se. (Laêrtios, 1987, p. 6)

Para muitos dos filósofos citados, principalmente os mais antigos, Diógenes contava somente com fragmentos de suas obras, o que dificultava muito sua compilação e posterior crítica. A tentativa de interpretar um filósofo antigo com base no material que dispomos hoje é uma prática desaconselhável. O conhecimento que temos de seu contexto e das poucas obras que restaram deles é um fator restritivo, mesmo assim, o conhecimento do contexto em que essas obras foram produzidas deve ser considerado como de suma importância.

Nesta obra, enfatizaremos que é de suma importância a consideração do contexto histórico-literário de cada pensador, uma vez que cada um deles escreveu para leitores com os quais conviviam, que partilhavam das mesmas indagações e sofriam as mesmas angústias e, por isso, buscavam respostas que fossem compreensíveis em seu tempo.

Os filósofos pré-socráticos fizeram a transição entre cosmogonia e cosmologia. A cosmogonia foi a explicação das origens por meio dos mitos religiosos e a cosmologia, a explicação das origens por meio da razão. É nesse contexto que a ousadia de Tales torna-se um divisor de águas. Sua investigação racional a respeito da origem do mundo dá fundamentação teórica à cosmologia, algo completamente inusitado para o contexto histórico do século VI a.C.

Como já citamos, os filósofos pré-socráticos ficaram conhecidos como *filósofos da natureza* (*physis*) e das origens (*archēs*). A partir da Escola Jônica, a *physis* passou a ser compreendida como "a natureza como um todo". Em *Theological Dictionary of the New Testament*, Kittel e Friedrich (1995, p. 253, tradução nossa) afirmam que o termo grego *physis* veio a significar "a constituição original e verdadeira" da própria natureza.

Para os filósofos pré-socráticos, a matéria (*physis*) é o caráter dinâmico que a natureza tem, não sendo substância em sua imobilidade, mas, segundo Abbagnano (2007, p. 15), é "a substância como princípio de ação e de inteligibilidade de tudo o que é múltiplo e em devir". Nessa crença primeva, está o hilozoísmo, que é a convicção implícita de que "a substância primordial corpórea tinha em si uma força que a fazia mover e viver" (Abbagnano, 2007, p. 647).

Para alguns filósofos gregos antigos que acreditavam na eternidade da matéria, ela era tudo o que existia.

A cosmogonia foi o tema mais importante defendido e exposto pelos filósofos pré-socráticos. Essa informação é importante para que façamos uma leitura proveitosa dos escritos filosóficos produzidos por eles. Não havia neles a preocupação com questões relacionadas à vida do homem em sociedade. Salvo alguns textos esparsos, eles raramente ocupavam-se da temática antropológica. A vida em sociedade ainda não era a preocupação primordial. O mais importante, nessa fase embrionária da filosofia ocidental, era a identificação da origem das coisas.

Fique atento!

> Ao ler os textos pré-socráticos, devemos levar em consideração a antiguidade dos escritos, o que impede que façamos uma avaliação e uma análise amplas e conclusivas. O contexto histórico desses pensadores deve ser levado em consideração na leitura e na interpretação. Muitos deles eram religiosos e ligados a algum tipo de teoria política permeada de elementos de mistério. Em cada escola, observamos uma tendência a que o pensador anterior tenha sido corrigido ou mesmo refutado pelo que o sucedeu, como é o caso de Tales, Anaximando e Anaxímenes de Mileto.

Em resumo, podemos afirmar que é essencial, a quem queira fazer uma leitura proveitosa dos escritos dos filósofos pré-socráticos, considerar a temática prevalecente, ou seja, a questão da origem e da essência da realidade – a cosmogonia e a ontologia.

Tão importante quanto o conteúdo dos escritos e a ausência de preocupação sobre questões relacionadas ao homem em si e à sociedade é considerar o local de onde o pensador procede e que escola ele representa. É necessário também notar que houve controvérsias e discordâncias significativas entre pensadores da mesma localidade e da mesma escola de pensamento.

Feitas essas observações sobre os textos pré-socráticos, devemos avançar para os textos socrático-platônicos.

2.2
Autores socrático-platônicos

É importante ressaltar, logo no início desta seção, para contextualização, que, no período histórico que antecedeu o surgimento da filosofia acadêmica, houve uma guinada filosófica da cosmologia para a antropologia. Em grande parte, os maiores contribuintes para essa mudança de foco foram os sofistas, os mestres itinerantes do saber prático.

Segundo Reale e Antiseri (2003a, p. 73, grifo do original), os sofistas promoveram uma "verdadeira revolução espiritual (deslocando o eixo da reflexão filosófica da *physis* e do *cosmos* para o homem e aquilo que concerne ao homem como membro de uma sociedade)". Os sofistas inauguraram, em Atenas, uma nova *paideia* (modo de educação de infantes). Os temas predominantes dos sofistas eram "a ética, a política, a retórica, a arte, a língua, a religião e a educação, ou seja, [...] aquilo que hoje chamamos a cultura do homem" (Reale; Antiseri, 2003a, p. 74).

Platão (427-347 a. C), cujo nome de nascimento era *Arístocles*, foi discípulo de Crátilo (que foi discípulo de Heráclito) e, posteriormente, de Sócrates. Ele nasceu em Atenas e, segundo seu próprio testemunho, visitou várias cidades da Grécia e da Itália, demorando-se em Siracusa, para onde voltou após alguns anos de sua primeira visita (Mondin, 1981). Platão nasceu logo após a morte de Péricles (429 a.c.) e o início da Guerra de Peloponeso (431-404 a.C.). A família de Platão fazia oposição a Péricles e seus sucessores. A morte de Platão coincidiu com a famosa Batalha de Queroneia, na qual as forças gregas, em maior número, foram vencidas pelos exércitos do rei macedônio Felipe II, pai do imperador Alexandre Magno. Essa derrota significou o fim de uma era de prosperidade para os gregos, o fim das cidades-Estado e a derrocada da democracia entre elas.

Filho de Ariston e Perictione, Platão pertencia a uma das famílias mais tradicionais de Atenas. Sua mãe descendia de Sólon, ilustre legislador. Cármides e Crítias, tios de Platão, haviam feito parte do seleto grupo dos 30 tiranos que governaram Atenas por algum tempo (404-403 a.C).

A filosofia de Platão não é original em muitos aspectos. De Pitágoras, derivaram os elementos órficos de seus ensinamentos. Na filosofia platônica, há elementos evidentes de feições religiosas, como a imortalidade da alma e o tom sacerdotal de seus diálogos, em especial, no mito da caverna. Ainda de Pitágoras, ele herdou profundos respeito e consideração pelas matemáticas. De Parmênides, Platão derivou a crença de que "a realidade é eterna e intemporal", ou seja, toda mudança é ilusória; de Heráclito, derivou "a doutrina negativa de que nada é permanente no mundo sensível"; de Sócrates, derivou suas reflexões éticas e a "tendência para procurar antes explicações teológicas do que mecânicas do mundo" (Russel, 1957, p. 123).

Platão, crítico dos sofistas, escreveu ao menos 36 diálogos e 13 cartas entre os anos de 387 a 347 a.C. Nos diálogos platônicos, Sócrates é o personagem principal e, neles, Sócrates debate suas ideias e de seus interlocutores por meio de exposições e intervenções, numa espécie de maiêutica contínua. Entre seus diálogos destacamos *Apologia de Sócrates, Laques, Protágoras, Górgias, Mênon, Fédon, O banquete, Fedro, Eutidemo, Menexeno, A República, Parmênides, Teeteto, Sofista e Político, Timeu, Crítias, Filebo* e *As Leis*.

Os textos socrático-platônicos são caracterizados pelo uso de alguns recursos de argumentação, como a ironia, a teoria da reminiscência, a dialética, a maiêutica e a diferenciação entre opinião e conhecimento. Essa estrutura argumentativa representa, em sentido geral, o resumo da epistemologia objetiva de Sócrates e Platão.

2.2.1 Ironia

Segundo Nicola Abbagnano (2007, p. 585):

A ironia socrática é o modo como Sócrates se subestima em relação aos adversários com quem discute. Quando, na discussão sobre a justiça, Sócrates declara: "Acho que essa investigação está além das nossas possibilidades e vós, que sois inteligentes, deveis ter piedade de nós, em vez de zangar-vos conosco." Trasímaco responde: "Eis a costumeira ironia de Sócrates" (*Rep.*, I, 336 e 337a).

No diálogo *O banquete*, Alcebíades tece elogios a Sócrates:

Sabei que nem a quem é belo tem ele a mínima consideração, antes despreza tanto quanto ninguém poderia imaginar, nem tampouco a quem é rico, nem a quem tenha qualquer outro título de honra, dos que são enaltecidos pelo grande número; todos esses bens ele julga que nada valem, e que nós nada somos – a que vos digo – e é ironizando e brincando com os homens que ele passa toda a vida. (Platão, 2019, p. 768)

Benson, em seu livro *Platão* (1993, p. 87), esclarece:

Quando Sócrates é – ou é acusado de ser – irônico, algo acerca do tom do que é dito ou alguma coisa estranha no contexto indica que, de algum modo, Sócrates está escondendo de seu companheiro o que realmente pensa (o que quer que se queira dizer ao afirmar que esta personagem ficcional "realmente pensa" alguma coisa).

Adotando a ironia como fio condutor de seus diálogos, Platão, por meio de Sócrates, estimula seus interlocutores a envolverem-se na busca pela verdade. Benson (1993, p. 87) esclarece que os momentos irônicos de Sócrates "não são diretamente representativos porque eles operam ao contrabalançar o que é representado com aquilo que o leitor entende o que significa". Por essa razão, é imprescindível interpretá-los "para além dos limites do próprio diálogo e [...] por meio do quadro dramático" (Benson, 1993, p. 87).

O mérito do método está em validar a opinião de seus pares e não impor a sua, fazendo com que eles se sintam desprovidos de luz e incapazes de formular proposições construtivas para o diálogo em curso.

Reale e Antiseri (2003a, p. 101, grifo do original) explicam que a ironia

> é a característica peculiar da dialética socrática, não apenas do ponto de vista formal, mas também do ponto de vista substancial. Em geral, ironia significa "simulação". Em nosso caso específico, indica o jogo brincalhão, múltiplo e variado das ficções e dos estratagemas realizados por Sócrates para levar o interlocutor a dar conta de si mesmo. Em suma: a brincadeira está sempre em função de um objetivo sério e, portanto, é sempre **metódica**.

Além de valer-se de ironia, Sócrates também pautava sua argumentação numa teoria bem interessante e pouco conhecida: a doutrina da reminiscência, ou *anamnesis*.

2.2.2 Doutrina da reminiscência

O termo *reminiscência* deriva do conceito latino de lembrar, recordar um fato ou acontecimento passado. A doutrina da reminiscência é uma doutrina socrático-platônica que afirma, num sentido mais fundamental, que conhecer é lembrar. O termo grego *anamnesis* – "lembrar" – foi usado por Sócrates e Platão como um recurso da alma que busca conhecer por meio de uma recordação de experiências e conhecimentos adquiridos em encarnações passadas.

Toda a metodologia socrático-platônica depende do conceito fundamental da *anamnese*, ou da reminiscência. Segundo David Ross, em *Teoria das ideias de Platão* (2008, p. 28),

> a doutrina da *anamnesis* claramente implica na existência separada das Ideias, não como estando incorporadas imperfeitamente nas coisas sensíveis, mas existindo à parte em sua pureza. É nessa passagem que Platão claramente expressa sua crença na existência separada das Ideias; o que caminha naturalmente ao lado do seu começar a usar a linguagem da semelhança, embora ele conserve a linguagem da participação para expressar a relação das coisas sensíveis com as Ideias.

Para Sócrates, somente a alma do filósofo tem asas porque "nele, a memória, pela sua aptidão, permanece fixada nessas Verdades, o que o torna semelhante a um deus" (Platão, 2011, p. 86).

No diálogo *Fedro*, Platão (2011) refere-se à anamnese como recordações de coisas conhecidas pela alma e que, na nova reencarnação, havia sido esquecida. Essas recordações são essenciais para que o homem torne-se perfeito.

> É apenas pelo bom uso dessas recordações que o homem se torna verdadeiramente perfeito, podendo receber em alto grau as consagrações dos mistérios. Um homem desses se desliga dos interesses humanos e dirige seu espírito para os objetos divinos; a multidão o considera louco, sem perceber que nele habita a divindade. (Platão, 2011, p. 86)

A pressuposição da imortalidade da alma é necessária para que haja reminiscência. Esse pressuposto está explicitado no *Mito de Er*, no Livro X de *A República*, versos 616b-617e (Platão, 1949).

A doutrina da reminiscência é tão importante para a compreensão do pensamento socrático-platônico que Reale e Antiseri (2003a) sintetizaram a teoria socrático-platônica do conhecimento em termos de recordação. Segundo eles:

> O conhecimento é anamnese, isto é, recordação de verdades desde sempre conhecidas pela alma e que reemergem de vez em quando na experiência concreta. Platão apresenta esta teoria do conhecimento tanto em modo mítico (as almas são imortais e contemplaram as Ideias antes de descer nos corpos) quanto em modo dialético (todo homem pode aprender por si verdades antes ignoradas, por exemplo, os teoremas matemáticos). (Reale; Antiseri, 2003a, p. 146)

Por meio da doutrina da reminiscência, Sócrates e Platão acreditavam poder resgatar conhecimentos armazenados na alma que, somente por meio do método dialético, seriam acessados. Assim, segundo eles, uma discussão entre amigos serve para despertar conhecimentos que estão adormecidos na alma. Por meio de uma provocação de um interlocutor, a mente é levada, portanto, a lembrar do que já sabia, mas estava esquecida.

Para eles, a alma é sempre a mesma, os corpos variam. A alma que esteve noutro corpo, noutro tempo, aprendeu muitas coisas sobre a vida, sobre a realidade circundante e tudo que foi necessário a ela para sobreviver naquele antigo corpo. Uma vez de posse de um novo corpo, o saber adquirido permanece latente, à espera de que seja despertado por meio de um diálogo provocador desse desbloqueio da alma. O conhecimento latente torna-se patente por meio dessa atividade da alma.

2.2.3 Dialética

Hugh Benson (1993, p. 143), discorrendo sobre o método dialético, observa que, embora o termo técnico *hē dialektikē* e seus cognatos ocorram apenas 22 vezes no *corpus* platônico, oito delas estão em *A República* (531d9; 534b4; 533c7; 543b3; 534d6; 537c6; 537c7).

Para Platão, esse é o método ideal, tanto que ele se via como um dialético. Segundo conclusão de Abbagnano (2007), o que Sócrates propõe em Fédon é que devemos usar um método que empregue hipóteses e que elas sejam expostas a críticas e avaliações para que possamos concluir se são ou não razoáveis e sustentáveis em face da realidade. As hipóteses devem ser testadas em sua consistência à luz de suas consequências em relação a "crenças ou informações disponíveis – até que se alcance uma hipótese que é 'aceitável' (*hikanon*)" (Benson, 1993, p. 145-146).

Charles Kahn, em seu artigo *Platão e a reminiscência*, analisa a teoria socrático-platônica da reminiscência e conclui que somente a crença mitológica salva a doutrina platônica do completo fracasso:

> Uma cognição pré-natal é pressuposta pela própria noção de reminiscência, mesmo no *Mênon* e no *Fédon*, nos quais tal cognição não é descrita. Porém, uma explicação da experiência pré-natal só pode ser dada em uma forma mítica, assim como o mito é o único veículo para descrever o destino das almas após a morte. O mito da pré-existência no Fedro responde, portanto, aos mitos do julgamento no Fédon e na República. Assim como em outros casos, o esplendor imaginativo do quadro mítico é pago com o preço de certa inconsistência doutrinal. (Kahn, 1993, p. 196)

Reale e Antiseri (2003a, p. 100) esclarecem que:

> O método e a dialética de Sócrates também estão ligados a sua descoberta da essência do homem como *psyché*, porque tendem de modo consciente a despojar a alma da ilusão do saber, curando-a dessa maneira a fim de torná-la idônea a acolher a verdade. Assim, as finalidades do método socrático são fundamentalmente de natureza ética e educativa, e apenas secundária e mediatamente de natureza lógica e gnosiológica.

Marco Zingano, em *Platão e Aristóteles: o fascínio da filosofia* (2005, p. 47), afirma que, uma vez que a ideia suprema concentra em si "a realidade e o valor de modo eminente", o dialético que a alcança "contempla toda a realidade".

O dialético, segundo Zingano (2005, p. 47), ao olhar do alto de uma pirâmide, contempla a planície inteira porque conhece a ideia máxima, "conhece tudo, pois tudo está concentrado nela, tudo depende dela, tudo deriva dela".

Reale e Antiseri (2003a, p. 149) esclarecem que, para Platão, somente o filósofo pode ser considerado um dialético, "os homens comuns se detêm nos primeiros dois degraus da primeira forma de conhecimento", que é o plano da opinião.

Os matemáticos conseguem subir a um nível mais elevado, o nível da *dianoia*, porém,

> somente o filósofo tem acesso à *nóesis* e à ciência suprema. [...] as Ideias puras, juntamente com seus respectivos nexos positivos e negativos, isto é, com todas as suas ligações de implicação e de exclusão, ascendendo de Ideia a Ideia até a captação da Ideia suprema, ou seja, do Incondicionado. Esse processo, pelo qual o intelecto passa de Ideia para Ideia, constitui a "dialética", de modo que o filósofo é o "dialético". (Reale; Antiseri, 2003a, p. 149)

Concluindo nossa apresentação do método dialético socrático-platônico, convém ressaltar que ele é um método específico, que permaneceu intacto em todos os diálogos platônicos. Em todos os diálogos, percebemos que Sócrates age como um inquiridor da verdade e mostra o progresso de sua descoberta à medida que obtém o consenso da parte de seus interlocutores. A compreensão desse método é essencial para lermos todos os diálogos com proveito.

2.2.4 Maiêutica

O elemento fundante da metodologia socrático-platônica é a maiêutica. O termo deriva do verbo grego *maieutikein*, a arte de partejar, ou seja, ajudar as mulheres grávidas a parir, dar à luz seus bebês. A mãe de Sócrates exercia a função de auxiliar de parto.

O método socrático denominado *maiêutica* vincula-se, em grande medida, ao conceito de reminiscência. No diálogo *Teeteto* (Platão, 2010b), Sócrates fala de sua mãe Fanerete, que foi parteira. Para ele, a prática mais saudável e útil de argumentação é a que ele denomina *maiêutica*, relativa à noção da função da parteira de ajudar no parto.

Depois de discorrer sobre a arte da parteira em auxiliar a mulher grávida a dar à luz, Sócrates conclui que ele também se vale da mesma técnica:

> Pois, nesta minha arte de dar à luz, coexistem as outras todas que há na outra arte, diferindo não só no fato de serem homens a dar à luz e não mulheres, mas também no de tomar conta das almas e não dos corpos dos que estão a parir. E o mais importante desta nossa arte está em poder verificar completamente se o pensamento do jovem pariu uma fantasia ou mentira, ou se foi capaz de gerar também uma autêntica verdade. Pois isto é o que justamente a minha arte partilha com a das parteiras: sou incapaz de produzir saberes. (Platão, 2010b, p. 202)

Embora criticada pelos adversários, a maiêutica é eficaz nas conversas com os amigos. Alguns de seus ouvintes, no início, mostravam-se ignorantes e estúpidos, mas, com o passar do tempo, faziam progressos e surpreendiam a si mesmos e às outras pessoas.

Prior (1993, p. 66) observa que o método maiêutico "faz lembrar a doutrina da reminiscência no *Mênon*". Apesar de o método dar às pessoas a consciência "de sua própria ignorância", ele também "leva ao descobrimento de crenças verdadeiras, e mesmo de sabedoria, na alma de seus companheiros" (Prior, 1993, p. 67).

Reale e Antiseri (2003a, p. 103) esclarecem que, para Sócrates, "a alma pode alcançar a verdade apenas 'se dela estiver grávida'". O filósofo "se professava ignorante, e, portanto, negava firmemente estar em condições de transmitir um saber aos outros, ou pelo menos, um saber constituído por determinados conteúdos" (Reale; Antiseri, 2003a, p. 102-103).

Para compreendermos melhor a doutrina socrática da maiêutica, é preciso levar em conta o fato de que uma mulher grávida necessita de uma parteira para que possa dar à luz. De igual forma, segundo Sócrates, o discípulo "que tem a alma grávida de verdade tem necessidade de uma espécie de **arte obstétrica espiritual**, que ajude essa verdade a vir à luz" (Reale; Antiseri, 2003a, p. 103, grifo do original). Uma importante distinção feita por Sócrates e por Platão foi a diferenciação entre conhecimento e opinião, sobre a qual trataremos a seguir.

2.2.5 Diferença entre conhecimento e opinião

Para Platão, havia uma diferença fundamental entre conhecimento e opinião. No diálogo *Teeteto*, em sua primeira parte, Platão (2010b) esforça-se para distinguir conhecimento (*epistēmē*) de opinião (*doxa*). A percepção sensível é colocada, pelos interlocutores, como incapaz de apreender a verdade. Como esclarece Kahn (1993, p. 199-200), no diálogo *Mênon*, o conhecimento e a opinião são reconhecidos como "estágios distintos na reminiscência" e a distinção entre conhecimento e opinião é usada por Sócrates para "introduzir a doutrina das Formas".

Conhecimento é participação (*metexis*) nas formas, enquanto opinião é tão somente o resultado de uma percepção do mundo sensível.

Para Sócrates, de acordo com Reale e Antiseri (2003a, p. 146), o "conhecimento ocorre por graus". Primeiro, há uma simples opinião (*doxa*), que se divide em imaginação e crença. Em seguida, vem a ciência (*episteme*), que se divide em "conhecimento mediano, pura intelecção". É o processo dialético que possibilita a ascensão da alma ao mundo das formas, onde se dá o conhecimento pleno da realidade, o acesso à verdade em seu sentido mais puro.

Sócrates viveu e morreu buscando a verdade. Em sua defesa, na obra *Apologia de Sócrates* (Platão, 2008, p. 59-60), ele afirmou:

> Nenhuma outra coisa faço enquanto circulo a não ser persuadir, tanto os mais jovens quanto os mais velhos dentre vocês, a não militar em favor nem do corpo nem do dinheiro – não antes (nem com a mesma intensidade) que em favor da alma, a fim de ser a melhor possível –, e vou dizendo que não surge do dinheiro a virtude, mas da virtude o dinheiro, e todos os demais bens humanos, públicos e privados.

A leitura proveitosa dos diálogos platônicos deve levar em consideração a biografia de Sócrates e a de Platão, bem como os fundamentos de suas ideias. Platão foi produto de seu tempo. Ele reagiu a uma proposta filosófica de seus dias, a proposta sofista, defendeu as teses de seu mestre Sócrates e ampliou os conceitos ontológicos, antropológicos e epistêmicos. Há uma progressividade no pensamento socrático-platônico sem, contudo, ser inconsistente ou incoerente.

2.3
Contexto histórico da filosofia aristotélica

Nascido em 384/383 a.C., em Estagira, na fronteira macedônica com a Grécia, Aristóteles era filho de Nicômaco, médico da Corte do rei Amintas, pai de Felipe da Macedônia, e avô de Alexandre Magno. Possivelmente, em sua juventude, Aristóteles morou em Pela, a sede do reino da Macedônia. Aos 18 anos (em 366/365 a.C.), mudou-se para

Atenas e ingressou na Academia de Atenas, tornando-se discípulo de Platão (Pessanha, 1987).

Na Academia de Atenas, teve contato com Eudóxio, com quem aprendeu muito do que, posteriormente, ensinou em seu Liceu. Com a morte de Platão em 347 a.c., Aristóteles abandonou a Academia, possivelmente, por desavenças com Espeusipo, sobrinho de Platão (Pessanha, 1987).

Aristóteles viajou pela Ásia e estabeleceu-se, juntamente com Xenócrates, na cidade de Axo, onde fundou uma escola com os platônicos Erasto e Corisco de Scepsis. De Axo, foi para Mitilene, onde conheceu Teofrasto, que se tornou, posteriormente, seu sucessor no Liceu. De Mitilene, atendendo a um convite de Felipe da Macedônia, no ano 343/342 a.c. mudou-se para a Corte a fim de ser o preceptor do futuro imperador Alexandre Magno, que, nessa ocasião, era um adolescente de 13 anos de idade. Tendo deixado a Corte macedônica em 335/334 a.C., Aristóteles voltou para Atenas (Pessanha, 1987).

No ano anterior ao retorno de Aristóteles a Atenas, Alexandre Magno havia assumido o trono macedônico. Os planos imperiais de Alexandre incluíam dominar a Grécia e, depois, partir para conquistar as terras orientais. A Guerra de Peloponeso, cuja duração e efeitos foram sentidos por décadas, tornou Atenas uma cidade enfraquecida e sem condições de resistir ao avanço macedônico. Os exércitos de Alexandre invadiram e subjugaram Atenas em 338 a.C. (Pessanha, 1987).

Em Atenas, Aristóteles alugou alguns prédios, anteriormente usados como templo de Apolo Lício, e estabeleceu uma academia rival à platônica. O nome *Liceu* deriva do nome do antigo templo. Os anos seguintes foram profícuos em estudos e produções textuais nas várias áreas dos campos científico e filosófico. Diferentemente de Platão, que valorizou as matemáticas, Aristóteles priorizou o estudo das ciências naturais e humanas (Pessanha, 1987).

Os anos áureos do Liceu sofreram grande abalo por ocasião da morte de Alexandre Magno. Em Atenas, houve um movimento antimacedônico e Aristóteles achou melhor abandonar a cidade antes que tivesse o mesmo fim do notório filósofo Sócrates (Reale; Antiseri, 2003a).

Bertrand Russel (1957, p. 187) conclui a biografia de Aristóteles afirmando:

Desde 335 a. C. até 323 a. C. (sendo este último o ano que Alexandre morreu), Aristóteles viveu em Atenas. Foi durante esses doze anos que fundou sua escola e escreveu a maioria de seus livros. Á morte de Alexandre, os atenienses rebelaram-se, voltando-se contra seus amigos, inclusive Aristóteles, que foi acusado de impiedade, mas que, ao contrário de Sócrates, fugiu para evitar o castigo. No ano seguinte (322) morreu.

As muitas obras escritas por Aristóteles (nem todas foram preservadas) podem ser classificadas como escritos lógicos, naturais, filosofia prática, retórica e poética. Entre suas obras destacam-se: *Metafísica* (Tratado da Filosofia Primeira); *Física* (Tratado da Filosofia Segunda); *Analíticos Anteriores e Posteriores*; *Poética*; *Organon*; *Retórica*; *Magna Moralia* (Grande Ética); *Ética a Eudemo*; *Ética a Nicômaco*; *Política* e *De Anima* (Sobre a Alma).

Aristóteles, em função de sua opção primordial pelos sentidos, abandonou a metodologia socrático-platônica da dialética e ampliou a metodologia da lógica, já usada por alguns filósofos pré-socráticos.

Mortimer Adler, em sua obra *Aristóteles para todos: uma introdução simples a um pensamento complexo* (2010, p. 134) afirma que, "para Aristóteles, parecia óbvio" que não nascemos com as ideias que pensamos, "não nascemos com elas em nossas mentes", essas ideias são, de algum modo, "produto da nossa experiência".

Daí a razão que "sua explicação do pensamento e do conhecimento humanos volta-se primeiro para os sentidos e para a experiência que resulta do funcionamento dos nossos sentidos" (Adler, 2010, p. 134), pois os sentidos são "as janelas ou as portas da mente", uma vez que "tudo que chega à mente do mundo exterior entra nela pelos sentidos" (Adler, 2010, p. 134). As sensações fornecem à mente as matérias-primas do saber. Para ele, não há raciocínio anterior à percepção.

Segundo Bertrand Russel (1957), para Aristóteles, a teoria socrático-platônica das ideias carecia de fundamentação racional. Seu principal argumento de refutação à teoria socrático-platônica era o argumento do "terceiro homem". Segundo esse argumento, "se um homem é um homem porque se assemelha ao homem ideal, deve haver um, ainda mais ideal, ao qual se parecem tanto os homens comuns como o homem ideal" (Russel, 1957, p. 188).

Para Aristóteles, "quando um número de indivíduos participa de um predicado, isto não pode ser devido à relação de algo da mesma espécie que eles, mas algo mais ideal" (Russel, 1957, p. 188).

O rompimento de Aristóteles em relação à filosofia socrático-platônica foi muito além da questão ontológica. Aristóteles não se valia da ironia, desprezava a doutrina das formas e seus fundamentos, que são as doutrinas da reminiscência e a metodologia da maiêutica.

2.3.1 Argumentação progressiva

Aristóteles acreditava que tudo que há para conhecermos está aqui, diante de nós, não num mundo além, perfeito e dificilmente acessível. Aristóteles precisou, usando uma expressão atual "reinventar-se" filosoficamente. Ele propôs um recomeço. Ele partiu daquilo que podemos chamar de consenso, o senso comum.

Adler (2010, p. 161) expõe a forma como Aristóteles argumenta com base no que podemos chamar de *dúvida razoável*: ele distinguia duas maneiras de "como podemos responder questões de todos os tipos". Segundo Adler (2010, p. 161),

> Assim como a resposta do júri, que está além de dúvida razoável, às vezes podemos responder uma questão com uma asserção que tem o status de conhecimento. Quando nossas respostas não consistem de conhecimento, Aristóteles as chama de opiniões. As opiniões se aproximam do conhecimento na medida em que têm o peso das provas a seu favor. No lado exatamente oposto da escala estão aquelas opiniões que não têm nenhuma base em provas.

Toda argumentação precisa de um ponto de partida que precisa fazer parte do que denominamos *senso comum*. O senso comum representa o conjunto de conhecimentos que temos como verdades necessárias, que estão além da dúvida razoável.

Tomemos, por exemplo, a afirmação de que, na Terra, todo líquido desce, o fogo sobe e o que é sólido, não sendo movido, tende a permanecer em seu devido lugar. Se há consenso quanto a isso, repudiamos a opinião de que haja um lugar na Terra onde a água suba, o fogo desça e as pedras flutuem. Caso isso ocorra, teremos aí uma exceção à regra conhecida pelo senso comum.

A descoberta da verdade é consequência de uma investigação séria, profunda e bem embasada. Segundo Adler (2010, p. 164), para Aristóteles, "a opinião da maioria dos homens, ou da maioria dos especialistas, ou dos melhores especialistas" tem grande probabilidade de ser "a melhor opinião".

Adler (2010, p. 164) esclarece mais sobre a diferença entre opinião e provas científicas:

> Chegamos cada vez mais perto daquilo a que Aristóteles se referia como conhecimento e nos distanciamos cada vez mais da mera opinião,

quando as opiniões se baseiam em provas científicas e em raciocínios científicos. As opiniões baseadas em uma preponderância de provas e nos melhores raciocínios são consideradas conhecimento pelos cientistas de hoje.

Um bom exemplo da metodologia da argumentação progressiva vemos no primeiro livro de *Ética a Nicômaco* (2009). Nesse livro, Aristóteles começa afirmando:

> Admite-se geralmente que toda arte e toda investigação, assim como toda ação e toda escolha, têm em mira um bem qualquer; e por isso foi dito, com muito acerto, que o bem é aquilo a que todas as coisas tendem. Mas observa-se entre os fins uma certa diferença: alguns são atividades, outros são produtos distintos das atividades que os produzem. Onde existem fins distintos das ações, são eles por natureza mais excelentes do que estas. Ora, como são muitas as ações, artes e ciências, muitos são também os seus fins: o fim da arte médica é a saúde, o da construção naval é um navio, o da estratégia é a vitória e o da economia é a riqueza. (Aristóteles, 2009, p. 17, 1094a1-1094a10)

Aristóteles parte do que era de consenso entre seus contemporâneos e avança na direção de uma possível identificação de algo que seja suficiente em si mesmo e possa ser considerado um bem supremo. No caminho para a identificação desse bem supremo, Aristóteles apresenta alguns candidatos:

> Ao investigar sobre as alternativas que são normalmente apresentadas pelo vulgo em geral e pelas "pessoas de grande refinamento e índole ativa", Aristóteles elenca primeiramente a vida dedicada aos prazeres (EN 1095b14-20). Em seguida considera a honra (EN 1095b22~30). Também considera a vida consagrada ao ganho (EN 1096a5~10). (Araújo, 2020, p. 66)

Nenhuma dessas alternativas, porém, é, por si mesma, autossuficiente. Todas são contingentes e não representam o que o homem busca como finalidade última de sua existência. Somente a *eudaimonia* (a vida feliz e plena) possui autarquia, ou seja, "aquilo que, em si mesmo, torna a vida desejável e carente de nada. E como tal entendemos a felicidade, considerando-a, além disso, a mais desejável de todas as coisas, sem contá-la como um bem entre outros" (Aristóteles, 2009, p. 26). Ela é autossuficiente, "pois o que é acrescentado se torna um excesso de bens, e dos bens é sempre o maior o mais desejável. A felicidade é, portanto, algo absoluto e autossuficiente, sendo também a finalidade da ação" (Aristóteles, 2009, p. 26, 1097b13-22).

Stewart (1999) conclui que, para Aristóteles, a *eudaimonia* é *bios teleios*, no sentido de ser uma vida plena, e uma atividade da alma humana (*energeia psychē*), pois, nela, todas as funções da parte vegetativa e sensitiva são exercitadas em conformidade com a Razão.

Esse harmonioso exercício é o bem principal do homem. Embora os bens externos sejam necessários à *eudaimonia*, não são partes dela, "como ar e luz são necessários para a vida de uma planta, mas não são partes desta vida" (Stewart, 1999, p. 130, tradução nossa). Assim, a felicidade deve ser vista como um ponto de equilíbrio de dois princípios: um interno, a virtude, e outro externo, as circunstâncias.

2.3.2 Lógica aristotélica

A lógica implica um sistema de raciocínio conhecido como *raciocínio silogístico*. Adler (2010) faz uma excelente exposição da lógica aristotélica. Na introdução do Capítulo 17 de seu livro *Aristóteles para todos: uma introdução simples a um pensamento complexo*, ele afirma:

> Assim como o nome de Newton está associado à lei da gravidade, o nome de Aristóteles está associado à lei da contradição. Assim como o nome de Einstein está para a teoria da relatividade, o de Aristóteles está para a teoria do silogismo. Duas palavras estão no coração da lei da contradição: "é" e "não é". Dois pares de palavras são centrais para

a teoria do silogismo – a explicação de Aristóteles para o raciocínio correto ou incorreto. Eles são "se" e "então", "já que" e "logo". (Adler, 2010, p. 143)

Reale e Antiseri (2003a, p. 225) afirmam que a lógica "constitui, com efeito, uma propedêutica a todas as ciências" e "mostra como procede o pensamento, sobre a base de quais elementos e segundo qual estrutura", bem como nos ensina que o raciocínio verdadeiro e próprio "não consiste no julgamento apenas, mas uma sequência de julgamentos oportunamente ligados".

Entre as variadas regras que a lógica impõe, destacamos três fundamentais.

O primeiro é o **princípio da identidade**, a afirmação de que uma coisa é sempre igual a si mesma, A = A. Assim, A equivalerá sempre a A, não podendo ser de outra forma. Aristóteles deve essa regra à contribuição do fixismo de Parmênides.

O segundo é o **princípio da não contradição**, a afirmação de que uma determinada coisa não pode ser e não ser simultaneamente. Assim, A não pode ser e não ser A ao mesmo tempo. Essa lei da não contradição, "não é só uma regra de pensamento, mas também uma asserção sobre o próprio mundo – sobre as realidades nas quais tentamos pensar" (Adler, 2010, p. 143).

Adler (2010, p. 143, grifo do original) explica que a lei da não contradição,

> como asserção sobre a realidade, **descreve o** modo como as coisas são. A lei da contradição como regra de pensamento **prescreve o** modo como devemos pensar a respeito das coisas se queremos que nosso pensamento a respeito delas esteja em conformidade com o modo como as coisas são.

Assim, se alguém faz uma afirmação que não pode se sustentar perante a lei da contradição, devemos, imediatamente, nos opor a essa afirmação.

Como muito bem esclarece Adler (2010, p. 146):

> Quando uma pessoa com quem estamos conversando se contradiz ou faz asserções contrárias, temos todo o direito de interrompê-la e dizer: "Você não pode fazer essas duas asserções. Não é possível que ambas sejam verdadeiras. Qual delas você realmente quer dizer? Qual delas você considera verdadeira?".

O terceiro é o **princípio do terceiro excluído**, a afirmação de que A é x ou *não x*, sendo vetada a possibilidade de haver uma terceira opção ou um meio termo entre as duas. De acordo com a noção do terceiro excluído, *o que é* não pode ser considerado, ao mesmo tempo, como *não sendo*.

Como exemplifica Adler (2010, p. 145),

> todos os números inteiros são pares ou ímpares. Não há uma terceira possibilidade. Ao usar termos que são alternativas excludentes, é possível formular uma contradição sem usar "é" e "não é". A asserção de que todo número inteiro é um número ímpar é contradita pela asserção de que tal número é um número par, porque, se é ímpar, não é par, e se é par, não é ímpar, tendo de ser um ou outro.

Em outras palavras, é impossível que um número par seja ímpar e um número ímpar seja par. Uma terceira possibilidade está fora de cogitação. Não faz sentido imaginar uma terceira hipótese.

Reale e Antiseri (2003a, p. 227) ressaltam que

> deve-se observar ainda que o termo 'lógica' não foi usado por Aristóteles para designar aquilo que nós, hoje, entendemos por ele. Ele remonta à época de Cícero [...]. O Estagirita denominava a lógica com o termo "analítica" (e *Analíticos* são intitulados os escritos fundamentais do *Organon*). A analítica (do grego *análysis*, que significa "resolução")

explica o método pelo qual, partindo de dada conclusão, nós a resolvemos precisamente nos elementos dos quais deriva, isto é, nas premissas e nos elementos de que brota, e assim a fundamentamos e justificamos.

Aristóteles, segundo Norman Geisler (1983, p. 35), aceitava "tanto a forma indutiva quanto a forma dedutiva de raciocinar". Foi ele, conforme o autor, "o primeiro filósofo ocidental que elaborou as regras para o raciocínio dedutivo" (Geisler, 1983, p. 35). Explicado de forma simples, o método dedutivo argumenta **do geral para o particular**.

Eis um modelo de silogismo:

- **Premissa maior:** Todos os animais são mortais.
- **Premissa menor:** Todos os homens são animais.
- **Conclusão:** Todos os homens são mortais.

Nesse caso, o silogismo é válido porque segue uma regra específica. A premissa maior é verdadeira e o sujeito (animais) dela está presente na premissa menor. A premissa menor é igualmente verdadeira. Na conclusão, estão presentes o sujeito da premissa menor (os homens) e o predicado da premissa maior (mortais). A regra está perfeitamente exposta no exemplo dado.

No caso de uma premissa falsa, teremos como resultado uma conclusão igualmente falsa:

- **Premissa maior:** Os anjos não são machos nem fêmeas.
- **Premissa menor:** Alguns homens são anjos.
- **Conclusão:** Alguns homens não são machos nem fêmeas.

Embora a lógica aristotélica seja bem mais ampla e complexa quando considerada em sua totalidade, devemos nos contentar em observar que a lógica, como método, foi largamente usada por Aristóteles em seus escritos filosóficos. Sua metodologia foi tão bem elaborada que não foi desafiada ou desconsiderada por nenhum filósofo que quisesse ser visto como apto a desenvolver um sistema argumentativo convincente.

Resumindo o que foi dito sobre Aristóteles e seus métodos, podemos afirmar que ele optou por partir do senso comum, uma ideia que circulava em seus dias, e daí procurou avançar por meio de deduções que trazem, em si, as sementes de sua lógica. A lógica aristotélica, além de original, serviu de base para argumentações elaboradas pelos filósofos que o sucederam.

2.4
Autores helenísticos

Os pensadores gregos e latinos posteriores a Aristóteles são conhecidos como *filósofos helenistas*. O reinado de Alexandre Magno pôs fim ao modelo grego de cidade-Estado. O imperialismo macedônico trouxe um novo modo de vida e provocou mudanças significativas na forma de se fazer filosofia.

Como esclarecem Reale e Antiseri (2003a, p. 249):

> Não se tratou apenas de revolução política, mas também e sobretudo de revolução espiritual e cultural, a partir do momento que na dimensão política (isto é, na vida dentro da *Pólis*) se reconheciam todos os grandes filósofos gregos, os quais justamente sobre este fundamento construíram seus sistemas morais e sua antropologia.

Se, nas abordagens filosóficas pré-socrática e clássica, o indivíduo recebeu atenção especial no campo da ética e da política, no novo período filosófico que sucedeu àqueles, a preocupação deixou de ser individual passando a ser evidentemente coletiva. Todavia, o coletivo não anulou as reflexões filosóficas de âmbito privado. A vida, a boa vida (*euzen*) foi pensada mais em termos de natureza (*physis*) do que em termos de racionalidade (*logos*).

Reale e Antiseri (2003a, p. 252) observam que houve uma descentralização política e cultural:

A cultura "helênica", na sua difusão entre os vários povos e raças, torna-se "helenística". Essa difusão comportou, fatalmente, uma perda de profundidade e pureza. Entrando em contato com tradições e crenças diversas, a cultura helênica devia fatalmente assimilar alguns de seus elementos. Fez-se sentir a influência do Oriente. E os novos centros de cultura, tais como Pérgamo, Rodes e sobretudo Alexandria, com a fundação da Biblioteca e do Museu, graças aos Ptolomeus, acabam por ofuscar a própria Atenas.

A contínua interação entre gregos e bárbaros provocou mudanças recíprocas. Se os bárbaros aprenderam muitas coisas dos gregos, é verdade também que os gregos aprenderam muitas superstições dos bárbaros. Segundo Bertrand Russel (1957, p. 257), "a civilização grega, ao abranger uma área mais ampla, tornou-se menos puramente grega".

2.4.1 Escolas filosóficas

No período helenístico, segundo Batista Mondin (1981), surgiram diversas escolas filosóficas que se contrapunham umas às outras:

    a. **A Nova e a Terceira Academia:** Substitutas da Antiga Academia fundada por Platão em Atenas. Espeusipo (c. 408-339 a.C.), apesar de adotar pensamentos da escola pitagórica, conservou muito dos ensinamentos de seu mestre Platão. Argesilau (315-240 a.C.) e Carnéades (215-129 a.C.) desviaram-se dos ensinamentos de Platão.

    b. **Escola peripatética:** Substituta do Liceu de Aristóteles. O que aconteceu com as escolas platônicas também aconteceu com a escola peripatética. Teofrasto perdeu-se em argumentações pouco proveitosas, Estratão professou um empirismo acentuado e Andrônico de Rodes foi fiel aos ensinamentos de Aristóteles, porém, Alexandre de Afrodísio (século III da era cristã) falseou o ensino aristotélico (Franca, 2020).

c. **Escola cínica:** Antiga, já existia nos dias de Sócrates. Seu fundador, Antístenes (445-365 a.C.), foi discípulo de Sócrates (Abbagnano, 2007). Essa escola tem seu nome derivado do Ginásio Cinosargos (cão ágil), onde Antístenes estabeleceu-se com seus seguidores. O mais conhecido dos filósofos cínicos foi Diógenes de Sinope (c. 404-c. 323 a.C.)

d. **Escola epicurista:** Epicuro de Samos (341-260 a.C.), em contraposição ao rigorismo ético da escola estoica, desenvolveu "uma concepção materialista no que diz respeito aos princípios primeiros das coisas (todas as coisas, inclusive os deuses e as almas, são constituídas por átomos e vácuo)" (Mondin, 1981, p. 229). Para Epicuro, "a felicidade, o bem supremo do homem consiste no prazer (*hedonē*)" (Mondin, 1981, p. 229).

e. **Escola estoica:** Ensinava que "o fim último do homem é a prática da virtude", que envolve a recusa "de qualquer concessão ao sentimento" (Mondin, 1981, p. 228). Eles afastaram-se tanto de Platão como de Aristóteles, insistindo na "correspondência perfeita entre a representação mental e a situação real das coisas" (Mondin, 1981, p. 228).

f. **Escola ecletista:** Mais do que uma escola filosófica, é uma orientação comum a quase todas as escolas dessa época. Embora tenha obtido relativo sucesso entre os gregos, a nova orientação encontrou nos romanos sua maior aceitação e adesão.

g. **Escola cética:** Pirro de Élis (360-270 a.C.), influenciado por Zenão e Epicuro, ensinava que "a certeza é fonte e causa de imperturbabilidade (ataraxia) do espírito em que consiste a verdadeira felicidade" (Franca, 2020, p. 90). Sexto Empírico opôs-se aos ensinos de Pirro professando um ceticismo radical e defendendo que a "única atitude do sábio devia ser a suspensão do juízo" (Franca, 2020, p. 90).

h. **Escola romana:** Adotou o ecletismo como principal forma de fazer filosofia. Cícero (105-43 a.c.) foi o mais ilustre pensador dessa escola filosófica. Sêneca (2-65 a.C.), mentor de Nero, foi ardoroso defensor do estoicismo. Epiteto, que foi escravo, e o imperador Marco Aurélio professaram o estoicismo (Franca, 2020).

i. **Escola neoplatônica:** Seu maior expoente foi Plotino (205-270 d.C.), que empreendeu esforços no sentido de produzir uma reflexão filosófico-religiosa que harmonizasse os ensinos judaico-cristãos com a filosofia grega clássica. Entre seus ensinos, destacam-se "a simplicidade, a transcendência e inefabilidade do Uno" e "a derivação de todas as coisas do Uno, por meio do processo de emanação" (Mondin, 1981, p. 229).

Podemos concluir que o avanço do imperialismo macedônico representou um declínio na atividade filosófica e provocou uma mudança significativa na forma de se fazer filosofia. As escolas filosóficas demonstraram que o espírito grego era forte e resistente a toda investida anticultural. Entre as muitas escolas filosóficas que surgiram nesse período, as duas que mais se destacaram foram a escola epicurista e a estoica. Cada uma delas representou uma forma distinta de compreender a realidade e possuíam *telos* (finalidades) diversos e complementares.

2.4.2 A importância de *logos* e de *telos*

Dois termos importantíssimos, nesse período da filosofia, foram *logos* – princípio ordenador – e *telos* – a finalidade. Nesse aspecto, as duas escolas principais do helenismo servem de exemplo de como o *logos* e o *telos* influenciaram o seu modo de fazerem filosofia.

O hedonismo, também conhecido como *epicurismo*, enfatizava que:

a. a realidade é perfeitamente penetrável e cognoscível pela inteligência do homem;
b. nas dimensões do real existe espaço para a felicidade do homem;
c. a felicidade é falta de dor e de perturbação;
d. para atingir essa felicidade e essa paz, o homem só precisa de si mesmo;
e. não lhe servem, portanto, a Cidade, as instituições, a nobreza, as riquezas, todas as coisas e nem mesmo os deuses: o homem é perfeitamente autárquico. (Reale; Antiseri, 2003a, p. 259-260)

Por sua vez, o estoicismo ensinava que os agentes morais devem cultivar a fortaleza e a equanimidade, virtudes que demandam absoluta resignação em relação aos eventos da vida. Para eles, o maior bem do homem é ser inquebrantável e firme em tudo o que tenta conduzi-lo a um tipo de vida regrado pelas paixões, e não pela reta razão. Eles criam também na suficiência do corpo em relação à realidade; na negação da realidade suprassensível; que o Cosmos é racional e, por isso, viver de acordo com a natureza é viver de acordo com a reta razão; que a razão deve prevalecer sobre a paixão; que se deve cultivar uma atitude de absoluta resignação diante dos eventos da vida; e que a virtude é suficiente para alcançarmos a *eudaimonia*, a vida plena.

Podemos concluir que, depois da derrocada de Atenas sob o poder de Alexandre, o Grande, houve uma mudança significativa no modo de fazer filosofia. Se, nos dias dos filósofos clássicos – Sócrates, Platão e Aristóteles –, havia uma preocupação com o homem e seu lugar no mundo, sob o império de Alexandre, a filosofia voltou-se para o indivíduo, perdendo, assim, em boa medida, sua dimensão coletiva.

2.5
Caminhos para a interpretação de textos filosóficos clássicos

No Livro VII de *A República* (Platão, 1949), Sócrates propõe a Glauco uma analogia para demonstrar a ele a importância da educação na *polis* (a cidade autárquica):

> Sócrates – Agora, imaginas a maneira como segue o estado da nossa natureza, relativamente, à instrução e à ignorância. Imaginas homens numa morada subterrânea, em forma de caverna, com uma entrada aberta à luz; esses homens estão aí desde a infância, de pernas e pescoço acorrentados, de modo que não podem mexer-se, nem ver, senão, o que está diante deles, pois as correntes os impedem de voltar a cabeça; a luz chega-lhes de uma fogueira acesa numa colina, que se ergue por detrás deles; entre o fogo e os prisioneiros passa uma estrada ascendente. Imagina que ao longo dessa estrada está construído um pequeno muro, semelhante às divisórias que os apresentadores de títeres armam diante de si e por cima das quais exibem as suas maravilhas.
>
> Glauco – Estou vendo.
>
> Sócrates – Imaginas agora, ao longo desse pequeno muro, homens que transportam objetos de toda espécie, que o transpõem: estatuetas de homens e animais, de pedra, madeira e toda espécie de matéria; naturalmente, entre esses transportadores, uns falam e outros seguem em silêncio.
>
> Glauco – Um quadro estranho e estranhos prisioneiros.
>
> Sócrates – Assemelham-se a nós. E, para começar, achas que, numa tal condição, eles tenham alguma vez visto, de si mesmos, e dos seus companheiros, mais do que as sombras projetadas pelo fogo na parede da caverna que lhes fica defronte?
>
> Glauco – Como? Se são obrigados a ficar de cabeça imóvel durante toda a vida?
>
> Sócrates – E com as coisas que desfilam? Não se passa o mesmo?
>
> Glauco – Sem dúvida.
>
> Sócrates – Portanto, se pudessem se comunicar, uns com os outros, não achas que tomariam por objetos reais as sombras que veem?

Glauco – É bem possível.

Sócrates – E se a parede do fundo da prisão provocasse eco, sempre que um dos transportadores falasse, não julgariam ouvir a sombra que passasse diante deles?

Glauco – Sim, por Zeus!

Sócrates – Dessa forma, tais homens não atribuirão realidade, senão, às sombras dos objetos fabricados?

Glauco – Assim terá de ser.

Sócrates – Consideras agora, o que lhes acontecerá, naturalmente, se forem libertados das suas cadeias e curados da sua ignorância. Que se liberte um desses prisioneiros, que seja ele obrigado a endireitar-se imediatamente e a voltar o pescoço, a caminhar, a erguer os olhos para a luz: ao fazer todos estes movimentos sofrerá, e o deslumbramento o impedirá de distinguir os objetos de que antes via, apenas, a sombra. Que achas que responderá se alguém lhe vier dizer que não viu até então, senão fantasmas, mas que agora, mais perto da realidade e voltado para objetos mais reais, vê com mais justeza? Se, enfim, mostrando-lhe cada uma das coisas que passam, obrigando-o, à força de perguntas, a dizer o que é? Não achas que ficará embaraçado e que as sombras que via outrora lhe parecerão mais verdadeiras que os objetos que lhe mostram agora?

Glauco – Muito mais verdadeiras.

Sócrates – E, se o forçarem a fixar a luz, os seus olhos não ficarão magoados? Ele não desviará a vista, para voltar às coisas que pode fitar, e não acreditará que estas são, realmente, mais distintas do que as que se lhe mostram?

Glauco – Com toda a certeza.

Sócrates – E se o arrancarem à força da sua caverna, obrigarem-no a subir a encosta rude e escarpada e não o largarem antes de o terem arrastado até à luz do Sol, não sofrerá vivamente e não se queixará de tais violências? E, quando tiver chegado à luz, poderá, com os olhos ofuscados pelo seu brilho, distinguir uma só das coisas que ora denominamos verdadeiras?

Glauco – Não o conseguirá, pelo menos de início.

Sócrates – Terá, creio eu, necessidade de se habituar a ver os objetos da região superior. Começará por distinguir mais facilmente as sombras; em seguida, as imagens dos homens e dos outros objetos que se refletem nas águas; por último, os próprios objetos. Depois disso, poderá, enfrentando a claridade dos astros e da Lua, contemplar mais facilmente, durante a noite, os corpos celestes e o próprio céu que, durante o dia, o Sol e a sua luz.

Glauco – Sem dúvida.

Sócrates – Por fim, suponho que, será o Sol, e não as suas imagens refletidas nas águas ou em qualquer outra coisa, mas o próprio Sol, no seu verdadeiro lugar, que poderá ver e contemplar tal como é.

Glauco – Necessariamente.

Sócrates – Depois disso, poderá concluir, a respeito do Sol, que é ele que faz as estações e os anos, que governa tudo no mundo visível e que, de certa maneira, é a causa de tudo o que ele via com os seus companheiros, na caverna.

Glauco – É evidente que chegará a essa conclusão.

Sócrates – Ora, lembrando-se da sua primeira morada, da sabedoria que aí se professa e daqueles que aí foram seus companheiros de cativeiro, não achas que se alegrará com a mudança e lamentará os que lá ficaram?

Glauco – Sim, com certeza, Sócrates.

Sócrates – E, se então, distribuíssem honras e louvores, se tivessem recompensas para aquele que se apercebesse, com o olhar mais vivo, da passagem das sombras, que melhor se recordasse das que costumavam chegar, em primeiro ou em último lugar, ou virem juntas, e que por isso era o mais hábil em adivinhar a sua aparição e que provocasse a inveja daqueles que, entre os prisioneiros, são venerados e poderosos? Ou então, como o herói de Homero, não preferirá mil vezes ser um simples criado de charrua, a serviço de um pobre lavrador, a sofrer tudo no mundo, a voltar às antigas ilusões e viver como vivia?

Glauco – Sou da tua opinião. Preferirá sofrer tudo a ter de viver dessa maneira.

Sócrates – Imaginas ainda, que esse homem volta à caverna e vai sentar-se no seu antigo lugar: não ficará com os olhos cegos pelas trevas ao se afastar bruscamente da luz do Sol?

Glauco – Decerto que sim.

Sócrates – E se tiver de entrar de novo em competição com os prisioneiros que não se libertaram de suas correntes, para julgar essas sombras, estando ainda sua vista confusa e antes que os seus olhos se tenham recomposto, pois habituar-se à escuridão exigirá um tempo bastante longo, não fará que os outros rissem à sua custa e digam que, tendo ido lá acima, voltou com a vista estragada, pelo que não vale a pena tentar subir até lá? E se a alguém tentar libertar e conduzir para o alto, esse alguém não o mataria se pudesse fazê-lo?

Glauco – Sem nenhuma dúvida.

Sócrates – Agora, meu caro Glauco, é preciso aplicar, ponto por ponto, esta imagem ao que dissemos atrás e comparar o mundo que nos cerca com a vida da prisão na caverna, e a luz do fogo que a ilumina com a força do Sol. Quanto à subida à região superior, e à contemplação dos seus objetos, se a considerares como a ascensão da alma para a mansão inteligível, não te enganarás quanto à minha ideia, visto que, também tu desejas conhecê-la. Só Deus sabe se ela é verdadeira. Quanto a mim, a minha opinião é esta: no mundo inteligível, a ideia do bem é a última a ser apreendida e com dificuldade, mas não se pode apreendê-la sem concluir que ela é a causa de tudo o que de reto e belo existe em todas as coisas; no mundo visível, ela engendrou a luz e o soberano da luz; no mundo inteligível, é ela que é soberana e dispensa a verdade e a inteligência; e é preciso vê-la para se comportar com sabedoria na vida particular e na vida pública. (Platão, 1949, p. 315-319)

Vamos proceder a uma leitura analítica:

a. Análise textual

A analogia da caverna, presente em *A República* (Platão, 1949, Livro VI, 514a-517c), é considerada o principal ensino de Platão. Se não for o principal, é o mais conhecido de todos. Nessa alegoria, Sócrates e seu interlocutor Glauco discorrem a respeito da necessidade que a alma tem de ver a verdade por si mesma. Platão deseja mostrar a Glauco que "esta capacidade [de ver a verdade] e este instrumento pelo qual se aprende estão presentes na alma de cada um" (Platão, 1997, p. 210-213). Não basta à alma, porém, querer ver a verdade, ela precisa olhar na direção certa, em direção à claridade do verdadeiro ser (VII, 518c). Essa virada do olho da alma "em direção à luz é um análogo próximo do processo de reminiscência" (Kahn, 1993, p. 204).

Segundo Reale e Antiseri (2003a, p. 163): "Platão sintetizou o próprio pensamento nas suas múltiplas dimensões no célebre 'mito da caverna'".

Nesse mito, segundo os autores, há, pelo menos, quatro níveis de interpretação do mito da caverna de Platão: 1) nível do significado ontológico; 2) nível gnosiológico; 3) nível místico-teológico; e 4) nível político.

No nível do significado ontológico, Platão divide a realidade em duas partes: a primeira integra a parte sensível e a segunda, a parte suprassensível. A parte sensível é representada pelas sombras, as estátuas e o muro. O muro é o limite que separa a parte sensível da suprassensível. A parte suprassensível está do outro lado do muro e são aquelas "representações simbólicas do ser verdadeiro e das Ideias, e o sol simboliza a Ideia do bem" (Reale; Antiseri, 2003a, p. 164).

No nível gnosiológico, "o mito simboliza os graus do conhecimento nas duas espécies e nos dois graus em que essas espécies se dividem" (Reale; Antiseri, 2003a, p. 164). Por *espécie* os autores querem inferir que há espécies de conhecimento. Segundo eles, as sombras representam a espécie de conhecimento imaginativo (*eikasia*) e as estátuas representam a crença (*pistis*). O muro ao ser transposto sugere que o cognoscente, valendo-se da dialética, alcança a "intelecção pura".

No nível místico-teológico, "a vida na dimensão dos sentidos e do sensível e a vida na caverna, assim como a vida na pura luz é a vida na dimensão do espírito" (Reale; Antiseri, 2003a, p. 163). A libertação das algemas representa a transcendência da alma dialética em direção à "visão do Bem e contemplação do Divino" (Reale; Antiseri, 2003a, p. 163).

No nível político, a libertação das algemas é a conversão, o retorno "cuja finalidade consiste na libertação das cadeias daqueles em companhia dos quais ele antes fora escravo" (Reale; Antiseri, 2003a, p. 163). Esse retorno é "o retorno do filósofo-político, o qual, se atendesse apenas às solicitações de seu desejo, permaneceria atento à contemplação do verdadeiro" (Reale; Antiseri, 2003a, p. 164).

b. Análise temática

O mito, ou analogia, da caverna, segundo Jaegger (1995, p. 885), em seu livro *Paideia: a formação do homem grego*, completa a analogia do sol, pois, "a caverna corresponde ao mundo visível e o Sol é o fogo cuja luz se projeta dentro dela".

Na alegoria do sol, vemos "a máxima poética" conjugada com a "sutileza plástica do traçado lógico", onde se pode descobrir "o lugar e o sentido da ideia do Bem, como princípio supremo da filosofia platônica", lugar e sentido que, propositalmente, estavam "conservados deliberadamente obscuros nas obras de Platão, ou então como um ponto esboçado na distância" (Jaeger, 1995, p. 870).

> Podes, portanto, dizer que é o Sol, que eu considero filho do bem, que o bem gerou à sua semelhança, o qual bem é, no mundo inteligível, em relação à inteligência e ao inteligível, o mesmo que o sol no mundo visível em relação à vista e ao visível. (Platão, 1949, p. 307, Livro VI, 508b)

Platão, nas analogias do sol e da caverna, apresenta a natureza objetiva do conhecimento independente da consciência humana e, dessa forma, alcança o objetivo de sua exposição, que é "deixar claro que o conhecimento é por si mesmo o Bem" (Jaeger, 1995, p. 871).

c. Análise interpretativa

Observemos que tanto Kahn (1993) como Jaeger (1995) procuram situar a analogia da caverna no contexto de *A República* e associam sua interpretação ao conjunto da argumentação prévia de Platão, em que a analogia do sol fornece a dica para interpretarmos a segunda analogia como uma alusão à descoberta da verdade pelo filósofo cuja alma ascende ao mundo das formas, tendo-se desprendido do mundo dos sentidos. A analogia da caverna tem um apelo epistemológico e coroa, de certo modo, toda a argumentação precedente, ratificando assim a tese de Platão de que o melhor administrador para a *polis* (a cidade autárquica) era o filósofo-rei.

d. Problematização

Será que a analogia da caverna possibilita somente os quatro níveis de interpretação propostos por Reale e Antiseri (2003a) ou podem ser acrescidos a eles outros níveis? Pensando em termos atuais, quais assuntos poderiam ser analisados à luz dos níveis de interpretação propostos pelos autores citados anteriormente?

Cremos que é possível pensarmos em mais possibilidades de interpretação, bem como que seria possível aplicarmos a analogia da caverna às políticas sociais dos governos, tanto de esquerda como de direita. Podemos ainda usar a analogia da caverna para avaliar propostas e práticas educacionais, públicas e privadas, desde os níveis fundamentais até os níveis superiores.

e. Análise reflexiva

A leitura da analogia da caverna é um exemplo interessante de como podemos, e devemos, interpretar os textos socrático-platônicos. Embora a natureza metafórica do texto possa ensejar interpretações mais amplas, a regra de levar em consideração o contexto da produção literária permanece.

Platão, por meio de Sócrates, protesta contra a morte de seu mestre. É possível enxergar, aqui, uma identificação dos prisioneiros com os membros do conselho de Atenas que condenaram Sócrates à morte por ingestão de cicuta. A analogia, no entanto, vai além e serve de defesa da importância da educação, da necessidade da dialética para o conhecimento do bem, da eficácia do método da reminiscência e da primazia da vida contemplativa em relação à vida ativa. Como exemplo de uso da dialética em questões de vida prática, podemos citar o diálogo de Sócrates com seu filho mais velho, Lâmpocles, que, segundo Xenofonte, demonstrou certa indisposição em relação à sua mãe, portando-se de forma ingrata em relação a ela. Sócrates, por meio de uma argumentação firme e evidente, convenceu seu filho de que, se havia alguém com quem ele jamais deveria demonstrar ingratidão nesse mundo, esse alguém era exatamente sua mãe (Xenofontes, 2009).

Podemos afirmar que a analogia da caverna coroa, de forma esplêndida, toda a formulação teórica de Sócrates e de Platão. Além disso, nos fornece elementos imprescindíveis para fazermos, hoje, leituras bem atualizadas da realidade de nossa educação, cultura, política e sociedade.

Síntese

Neste capítulo, tratamos do desenvolvimento do pensamento filosófico desde seus primórdios, entre os filósofos da natureza, que levantaram questões importantíssimas sobre a realidade e suas origens. Deles extraímos conceitos-chave a respeito de como se faz filosofia e como a filosofia é um diálogo em constante mudança.

Ao estudarmos os filósofos clássicos, vimos as diferenças fundamentais entre os pensamentos de Sócrates e de Platão em relação aos de Aristóteles. Vimos também que esses grandes pensadores contribuíram para dar à filosofia métodos claros e abrangentes. Eles deram uma guinada significativa em direção a uma ontologia mais elaborada e um enfoque mais antropológico aos debates filosóficos.

Vimos ainda que os filósofos que vieram depois de Sócrates, Platão e Aristóteles, por viverem num mundo diferente, fizeram uma abordagem mais voltada para as questões das finalidades da vida humana. Todos contribuíram, a seu modo, para um amadurecimento do pensamento filosófico e sedimentaram o caminho a ser trilhado pelos que vieram depois deles.

Atividades de Autoavaliação

1. Considerando a origem de todas as coisas, assinale a alternativa que indica corretamente como os filósofos pré-socráticos geralmente são classificados:
    a) Cosmogonistas e cosmologistas.
    b) Físicos e metafísicos.
    c) Monistas e pluralistas.
    d) Hilozoistas e materialistas.
    e) Materialistas e metafísicos.

2. Assinale a alternativa correta em relação aos métodos platônicos:
   a) Lógica, *reductio ad absurdo*, argumento *ad hominem*, dúvida metódica.
   b) Experimentação contínua, demonstração de constantes e variáveis, dedução e indução.
   c) Identificação de falácias, relação de causa e efeito, silogismo prático.
   d) Ironia, reminiscência, dialética, maiêutica e diferenciação entre opinião e conhecimento.
   e) Ironia, lógica, opinião e conhecimento progressivo.

3. Assinale a alternativa com a definição correta de *dialética*:
   a) Um método cujos interlocutores discutem um tema até que um deles seja declarado vencedor do debate.
   b) Um método que emprega hipóteses de modo a continuar a investigação até que se alcance uma hipótese que seja aceitável por todos os interlocutores.
   c) Um método que se vale de avaliação, juízo e eliminação de conceitos que se oponham à ideia originalmente proposta.
   d) Um método em que os mais experientes falam e discutem entre si e, em seguida, expõem o que foi discutido entre eles aos mais jovens.
   e) Um método em que se emprega uma sucessão de argumentações em série para dela se obter uma síntese.

4. Assinale a alternativa correta sobre o que integra a metodologia própria de que se valeu Aristóteles:
   a) Argumentação progressiva, senso comum e lógica.
   b) Dedução, indução e conclusão.
   c) Dúvida metódica, experiência e análise de resultados.
   d) Comparação, análise e conclusão.

e) Experimentação científica, observação de processos e exposição de resultados observáveis.

5. Assinale a alternativa que indica corretamente os três princípios da lógica:

a) Equiparação, diferenciação e contradição.

b) Princípio da identidade, da não contradição e do terceiro excluído.

c) Princípio da legitimação, da polarização e da uniformidade.

d) Conformação, particularidade e simetria.

e) Polarização, princípio de legitimação, princípio de identidade.

6. Assinale a alternativa que indica corretamente as escolas filosóficas pós-socráticas mais conhecidas:

a) Cética, cínica e acadêmica.

b) Peripatética, cética e celetista.

c) Romana, cínica e eclética.

d) Estoica, epicurista e neoplatônica.

e) Racionalista, empirista e estoica.

Atividades de aprendizagem

Questões para reflexão

1. Para Platão, o conhecimento é diferente da opinião. A opinião poderia variar de pessoa para pessoa. O conhecimento é muito mais valioso do que a opinião. Como nós podemos diferenciar conhecimento de opinião em nosso contexto? Se uma opinião está "tomando as redes sociais digitais" significa que é uma verdade? Como podemos discernir a verdade em meio a tantas opiniões divergentes? Organize suas respostas em um texto escrito de até 20 linhas e compartilhe com seu grupo de estudo.

2. Para Aristóteles, a lógica é a melhor forma de raciocinar. Embora muitas pessoas ignorem as teorias de Aristóteles, partilham delas ao tentar expor suas ideias valendo-se de lógica. Como podemos nos valer do método aristotélico de argumentação em nossos textos e discursos? Essa metodologia é à prova de equívocos? Se não, quais seriam os possíveis equívocos que cometeríamos ao usar a lógica em nossa argumentação? Elabore um texto escrito de até duas páginas com suas respostas e expondo o método aristotélico. Compartilhe-o com seu grupo de estudo.

Atividade aplicada: prática

1. Com base nos estudos deste capítulo sobre os pensadores da era clássica da filosofia grega, elabore um texto explicitando as diferenças metodológicas entre Sócrates e Aristóteles. Esse texto deverá servir de base para uma aula destinada a estudantes iniciantes no tema. Compartilhe a preparação dessa aula com seu grupo de estudo.

3

Textos filosóficos medievais

Neste capítulo, examinaremos os pensadores do período medieval. Uma das características principais desse período filosófico foi a guinada teológica da filosofia.

Nesses longos 16 séculos de história, muitos pensadores surgiram para defender a fé cristã, dialogar com pensamentos contrários, produzir teologia com base nas Escrituras em diálogo com a filosofia e as novas ciências que surgiram nesse período.

Dois períodos destacam-se: 1) a era dos Pais da Igreja, conhecida como *patrística*, e 2) a era escolástica.

3.1
Contextualização

Os Pais da Igreja destacaram-se pelo ardoroso trabalho de não somente divulgar a fé cristã, mas também de relacioná-la com a razão. Agostinho foi o mais destacado intelectual desse período. Os estudiosos da escolástica também lidaram com a mesma questão e tiveram longos debates a respeito do relacionamento entre os universais e os particulares. Tomás de Aquino destacou-se entre os intelectuais da alta Idade Média.

Seus escritos foram usados como norteadores nos debates teológicos e filosóficos depois dele.

A filosofia medieval abrange o período que vai do século VIII ao século XIV. Segundo Chaui (1997, p. 45):

> Abrange pensadores europeus, árabes e judeus. É o período em que a Igreja Romana dominava a Europa, ungia e coroava reis, organizava cruzadas à Terra Santa e criava, à volta das catedrais, as primeiras universidades ou escolas. E, a partir do século XII, por ter sido ensinada nas escolas, a Filosofia medieval também é conhecida com o nome de Escolástica.

São considerados textos medievais os produzidos por pensadores cristãos que viveram desde os primórdios e o avanço da fé cristã no mundo ocidental até o século XVI. O ocaso da Era Medieval ocorreu com o surgimento do Renascentismo, que deu novo impulso ao saber filosófico e inaugurou um novo período histórico, a Era Moderna.

Tanto os Pais de Igreja como os escolásticos eram líderes cristãos que interpretavam a realidade por meio de uma ótica judaico-cristã. Muitos dos Pais da Igreja eram presbíteros ou bispos da Igreja Cristã. Os escolásticos eram estudiosos que se dedicavam a ensinar a doutrina cristã e a defendiam dos ataques seculares. A patrística e a escolástica foram os períodos mais produtivos em termos de literatura cristã com teor filosófico-teológico.

Segundo Marilena Chaui (1997, p. 45), "a Filosofia medieval teve como influências principais Platão e Aristóteles", porém, a autora ressalva que o Platão conhecido pelos medievais era o neoplatônico (vindo da filosofia de Plotino, do século VI d.C.), e o Aristóteles que eles conheciam era aquele "conservado e traduzido pelos árabes particularmente Avicena e Averróis" (Chaui, 1997, p. 45).

Como descreve Chaui (1997, p. 45):

Conservando e discutindo os mesmos problemas que a patrística, a Filosofia medieval acrescentou outros – particularmente um, conhecido com o nome de Problema dos Universais – e, além de Platão e Aristóteles, sofreu uma grande influência das ideias de Santo Agostinho. Durante esse período surge propriamente a Filosofia cristã, que é, na verdade, a teologia. Um de seus temas mais constantes são as provas da existência de Deus e da alma, isto é, demonstrações racionais da existência do infinito criador e do espírito humano imortal.

Marilena Chaui distingue a patrística da filosofia medieval. Segundo ela, a patrística inicia-se com o esforço intelectual dos primeiros líderes cristãos do século I e estende-se até o século VII, com a atuação dos Pais da Igreja latinos e gregos. Como detalha Chaui (1997, p. 44):

> A patrística resultou do esforço feito pelos dois apóstolos intelectuais (Paulo e João) e pelos primeiros Padres da Igreja para conciliar a nova religião – o Cristianismo – com o pensamento filosófico dos gregos e romanos, pois somente com tal conciliação seria possível convencer os pagãos da nova verdade e convertê-los a ela. A Filosofia patrística liga-se, portanto, à tarefa religiosa da evangelização e à defesa da religião cristã contra os ataques teóricos e morais que recebia dos antigos.

A Era Medieval não pode ser compreendida à parte de duas importantes contribuições: 1) a religiosa, procedente das Escrituras hebraicas (o Antigo Testamento) e das Escrituras cristãs (o Novo Testamento); e 2) a filosófica, procedente do neoplatonismo e de Fílon de Alexandria.

A mensagem bíblica, de natureza revelacional, suprarracional, sendo produto de inspiração divina, não depende da razão. A Bíblia apela à fé, e não à razão. Por esse motivo, a Bíblia, segundo Giovanni Reale e Dario Antiseri, em seu livro *História da filosofia: patrística e escolástica*, "teve tal impacto histórico e incidiu de modo tão profundo na concepção do mundo e da natureza do homem, que deve ser considerada também do ponto de vista filosófico" (Reale; Antiseri, 2003b, p. 3).

Além disso, a relevância dada à Bíblia trouxe importantes "contribuições revolucionárias para a história do pensamento" (Reale; Antiseri, 2003b, p. 3).

A mensagem bíblica provocou mudanças significativas quanto à forma de compreendermos a realidade, o homem e a forma como conhecemos a realidade e a nós mesmos. Se os filósofos gregos enalteciam a razão e tinham a crença como uma forma suspeita de conhecimento, os cristãos inverteram as coisas. A via da fé constituiu-se uma subversão da ordem reinante.

A mensagem bíblica consiste em uma defesa do monoteísmo contra o politeísmo dos povos antigos. Ela também defende a criação a partir do nada, diferindo da noção de eternidade do universo. O conceito cristão de Providência Divina opõe-se, claramente, à noção grega de indiferença do Criador em relação à criação. A noção de *imago Dei*, de que o ser humano foi criado à imagem do Criador, opõe-se à ideia grega de que as almas migram de corpos. Por fim, a importância da fé como meio de graça e de obtenção de conhecimento a respeito das coisas espirituais e materiais representa um rompimento definitivo com todo o legado racional da filosofia grega antiga.

Reale e Antiseri (2003b, p. 9) esclarecem que, depois da difusão da mensagem bíblica, somente foram possíveis três posições:

a. filosofar na fé, ou seja, crendo;
b. filosofar procurando distinguir os âmbitos da "razão" e da "fé", embora crendo;
c. filosofar fora da fé e contra a fé, ou seja, não crendo.

Não será mais possível filosofar fora da fé, no sentido de filosofar como se a mensagem bíblica nunca tivesse feito seu ingresso na história. Por essa razão, o horizonte bíblico permanece um horizonte estruturalmente intransponível, no sentido que esclarecemos, isto é, no sentido de um horizonte para além do qual já não podemos nos colocar, tanto quem crê como quem não crê.

Reale e Antiseri (2003b, p. 8) explicam que, "embora não sendo uma 'filosofia' no sentido grego do termo, a visão geral da realidade e do homem que a Bíblia nos apresenta, [...] refere-se a alguns conteúdos essenciais dos quais a filosofia também trata". Na Bíblia, podemos encontrar algumas "ideias fundamentais que têm uma relevância **também** filosófica de primeira ordem" (Reale; Antiseri, 2003b, p. 8, grifo do original).

Como esclarecem Reale e Antiseri (2003b, p. 8, grifo do original):

> Em suma, pode-se dizer que a palavra de Cristo contida no *Novo Testamento* (a qual se apresenta como revelação que completa, aperfeiçoa e coroa a revelação dos profetas contida no *Antigo Testamento*) produziu uma revolução de tal alcance que mudou todos os termos de todos os problemas que o homem se propusera em filosofia no passado e passou a condicionar também os termos nos quais o homem os proporia no futuro.

Além da Bíblia, outro fator que contribuiu, significativamente, para a mudança de mentalidade na era cristã foi a influência do neoplatonismo, uma versão interpretada e revisada do antigo platonismo grego. O neoplatonismo concebia a realidade composta de Deus, o intelecto e a alma do mundo, portanto, uma tríade (Plotino, citado por Abbagnano, 2007, p. 575).

A relação entre Deus, a alma e o mundo é tema importantíssimo na filosofia desenvolvida por Plotino e seus discípulos. Abbagnano (2007, p. 710) define o neoplatonismo nos seguintes termos:

> Escola filosófica fundada em Alexandria por Amônio Saccas no séc. II d.C, cujos maiores representantes são Plotino, Jâmblico e Proclos. O Neoplatonismo é uma escolástica, ou seja, a utilização da filosofia platônica (filtrada através do neopitagorismo, do platonismo médio e

de Fílon) para a defesa de verdades religiosas reveladas ao homem *ab antiquo* e que podiam ser redescobertas na intimidade da consciência.

Como explica Abbagnano (2007, p. 710-711), os fundamentos do neoplatonismo são os seguintes:

1. caráter de revelação da verdade, que, portanto, é de natureza religiosa e se manifesta nas instituições religiosas existentes e na reflexão do homem sobre si próprio;
2. caráter absoluto da transcendência divina: Deus, visto como o Bem, está além de qualquer determinação cognoscível e é julgado inefável;
3. teoria da emanação, ou seja, todas as coisas existentes derivam necessariamente de Deus e vão-se tornando cada vez menos perfeitas à medida que se afastam d'Ele; consequentemente o mundo inteligível (Deus, Intelecto e Alma do mundo) é distinto do mundo sensível (ou material), que é uma imagem ou manifestação do outro;
4. retorno do mundo a Deus através do homem e de sua progressiva interiorização, até o ponto do êxtase, que é a união com Deus.

Fílon de Alexandria é considerado o precursor da reflexão filosófica judaica, quem aproximou a teologia da filosofia e tornou-se um dos principais representantes do pensamento filosófico judaico. Seu mérito foi tentar conciliar a Torah hebraica com os ensinos de Platão. Segundo Reale e Antiseri (2003b), Fílon promove, a seu modo, uma aproximação entre judaísmo e filosofia grega, em especial, a platônica, em sua obra *Comentários ao Pentateuco*. Ele argumenta, sem mostrar evidências conclusivas, que os filósofos gregos foram influenciados pelas Escrituras hebraicas – o Antigo Testamento – produzidas por Moisés e pelos profetas da Antiguidade.

Dax Moraes (2017), em seu livro *O logos em Fílon de Alexandria: fronteira entre o pensamento grego e o pensamento cristão nas origens da teologia bíblica*, afirma que Fílon foi um típico filósofo eclético. Citando Bréhier (1995), Moraes (2017, p. 21) declara que a obra de Fílon "vibra com todos os ecos".

Segundo Moraes (2017, p. 21), Fílon extraiu "os melhores dos filósofos" e combinou "seus conhecimentos acerca dos cultos dos mistérios, de Platão, do pitagorismo", bem como criou um método próprio para comentar os textos bíblicos inserindo, nos comentários, elementos diversos a eles.

Moraes (2017, p. 22) descreve que:

> Como resultado, na obra de Fílon "se refletia toda a história da filosofia grega até nossa era, bem como a situação religiosa de seu tempo; nele se anunciava a mística pagã e cristã que se seguiriam". Na medida em que Fílon, por outro lado [...] marca com clareza seus "amores e ódios", não pode ser tido como mero compilador sem critérios, como pensaram muitos de seus importantes críticos. No entanto, [...] "seu pensamento não forma um sistema como aqueles que se veem (ou que se restabelecem) nos grandes clássicos: é antes uma corrente que passa, alimentando-se de todas as doutrinas de que precisa".

Como afirmam Reale e Antiseri (2003b, p. 31), Fílon é considerado "precursor dos Padres, principalmente porque foi o primeiro a tentar uma mediação entre a mensagem bíblica e a filosofia grega, dando assim forma ao que ele próprio chamava de 'filosofia mosaica'".

Valendo-se de interpretação alegórica, ele procurou "sob a letra do texto revelado, significados e conceitos filosóficos, de modo que no fim o relato histórico da Sagrada Escritura é transcrito como mensagem filosófico-teológica" (Reale; Antiseri, 2003b, p. 31). Ele introduziu novas ideias no campo da antropologia interpretando o homem como constituído de três partes: 1) corpo; 2) alma-intelecto; e 3) espírito. Somente o espírito é imortal porque procedente diretamente de Deus.

Reale e Antiseri (2003b, p. 31) realçam a importância de Fílon no campo moral e teológico:

> No campo moral, o alexandrino fundiu de modo coerente a fé com a razão, considerando a ética como um itinerário para Deus, uma

"migração" (análoga à do pai Abraão da terra da Caldéia), que nos leva a entrar de novo em nós mesmos, depois de deixar todo interesse pelo mundo externo. Uma vez descoberta nossa nulidade e o fato de que nós mesmos somos um dom de Deus, é preciso remontar até Ele e a Ele nos ligarmos no êxtase.

Para Fílon, a filosofia, como busca da verdade, necessita da ajuda da Palavra divinamente revelada para que seja aprimorada e alcance seu supremo objetivo. Essa Palavra divinamente revelada pode ser encontrada, em forma embrionária, como numa semente, entre os povos de diferentes culturas, porém, segundo ele, somente na *Torah* é que podemos encontrá-la em sua plenitude. Essa revelação plena da verdade foi uma dádiva concedida por Yahweh a seu povo escolhido.

Fílon valeu-se de uma metodologia própria – a alegórica – para forçar os textos da *Torah* e dos profetas hebreus, a fim de defender sua tese de que a filosofia grega teve suas fontes nos escritos de Moisés e dos profetas. O grande mérito de Fílon, como afirmam Reale e Antiseri (2003b, p. 32), foi o de tentar "uma fusão entre filosofia grega e teologia mosaica", e, ao fazer isso, ele criou uma filosofia nova – a filosofia mosaica. O método usado por ele foi o método alegórico.

A imperfeição das investigações dos filósofos gregos revela a inferioridade deles em relação ao grande profeta e mestre legislador hebreu. Fílon chama os filósofos gregos de *discípulos de Moisés*. As doutrinas imperfeitas dos filósofos gregos devem ser complementadas pela revelação dada por Yahweh a Moisés e aos profetas.

3.2
Autores patrísticos

Os Pais da Igreja são assim denominados por serem os líderes da Igreja que sucederam os apóstolos. Os primeiros Pais da Igreja eram denominados *Pais Apostólicos*. Segundo Alderi de Matos (2008, p. 27), "costuma-se dar o nome de 'pais apostólicos' ao primeiro conjunto de literatura ortodoxa cristã posterior ao Novo Testamento, escrita desde o fim do primeiro século até meados do segundo".

Matos (2008, p. 27) esclarece que a designação *Pais Apostólicos* não se refere a pessoas, mas sim a escritos, dos quais lista os seguintes: "1Clemente, 2Clemente, sete cartas de Inácio de Antioquia, Epístola aos Filipenses, Martírio de Policarpo, Epístola de Barnabé, o Pastor de Hermas, Didaquê, Epístola a Diogneto e Papias".

Matos (2008, p. 31) explica que os escritos produzidos por esses cristãos têm teor apologético, didático, reflexivo e litúrgico, dotadas de simplicidade, de prática e "dirigidos ao um público interno, os próprios cristãos, e se voltam para os problemas e desafios enfrentados numa época de transição em que o cristianismo estava se organizando e se consolidando".

3.2.1 Apologistas

Alguns Pais da Igreja ficaram conhecidos como *apologistas* e empenharam-se em defender a fé cristã diante dos ataques de escritores pagãos que acusavam os cristãos de serem bárbaros, ignorantes e até mesmo criminosos, verdadeiros inimigos da humanidade. Em sua obra *O cristianismo através dos séculos: uma história da Igreja Cristã*, Earle E. Cairns (1995) dedica um capítulo inteiro à apresentação do pensamento dos pais apologistas e polemistas.

Entre os apologistas orientais destacaram-se Justino de Roma, também conhecido como *Justino, o Mártir* (100-165 d.C.), que fundou uma escola filosófica em Roma para ensinar o cristianismo. Ele escreveu *Apologia, Diálogo com o Judeu Trifão* e outros escritos que foram queimados por ocasião de seu martírio em Milão. Taciano foi discípulo de

Justino e escreveu *Discursos aos gregos*, um tratado apologético cristão, e *Diatessaron*, uma compilação dos textos dos evangelhos colocados de forma harmônica (Cairns, 1995).

Atenágoras foi professor em Atenas e escreveu *Súplicas pelos cristãos*, obra apologética endereçada ao imperador em que ele refutava as principais acusações que eram feitas contra os cristãos. Teófilo de Antioquia escreveu *Apologia a Autólico*, em que ele advoga a superioridade do cristianismo em relação ao paganismo e responde às objeções levantadas por Autólico quanto às crenças cristãs. É nessa obra que se encontra a primeira citação à doutrina da Trindade (Cairns, 1995).

Entre os apologistas ocidentais, podemos destacar a figura de Tertuliano (160-230 d.C.), advogado cartaginês, fervoroso defensor da fé cristã. Escreveu *Apologeticum*, obra endereçada ao governador de Cartago, na qual ele defende que os cristãos são leais ao império e suas crenças são, em tudo, superiores à religião pagã. Tertuliano defende também que as perseguições cessem, uma vez que eram baseadas em pretextos infundados e motivos escusos. Minúcio Felix escreveu *Octavius*, uma apologia em forma de diálogo, nos moldes platônicos, destinada a seu amigo Cecílio. De tom conciliador, a obra destinava a responder às questões mais sensíveis sobre a conturbada relação entre cristianismo e religião pagã (Cairns, 1995).

3.2.2 Polemistas

Alguns Pais da Igreja ficaram conhecidos como *polemistas*. Eles foram além da defesa da fé cristã, passando para o ataque a doutrinas espúrias que ameaçavam solapar a sã doutrina apostólica. Os polemistas podem ser classificados de acordo com a escola a que pertenceram.

Panteno foi fundador da escola de Alexandria. Ardoroso defensor da fé cristã, ele teve o mérito de ser mencionado em diversos textos de

Jerônimo, que o admirava. Clemente e Orígenes foram seus discípulos. Clemente era simpatizante de uma teologia dialogal, ou seja, uma teologia que dialogasse com a filosofia grega. Clemente escreveu *Exortação aos gregos*, *Disposições* e *O pedagogo* (Cairns, 1995).

Orígenes (185-254 d.C.) foi além de seus mestres e criou um sistema interpretativo das Escrituras que se denominou *interpretação alegórica*. Produziu inúmeros textos, homilias e cartas, mas sua obra mais conhecida foi *Contra Celso*, escrita para refutar os pensamentos do filósofo platônico-eclético Celso, que havia publicado *O discurso verdadeiro contra os cristãos*. Em *Contra Celso*, Orígenes defende a antiguidade da fé cristã, a encarnação do Verbo divino e aborda as questões que diferenciam a fé cristã da fé judaica (Cairns, 1995).

Irineu de Esmirna (130-200 d.C.), bispo de Gália, foi um apologista da escola da Ásia Menor. Sua mais importante obra foi *Contra as heresias* (*Adversus Haereses*), um tratado polêmico que apresentava, analisava e refutava as principais doutrinas dos pensadores gnósticos. O gnosticismo era uma ameaça ao cristianismo, e essa obra de Irineu cataloga e refuta os pensamentos dos principais pensadores dessa escola filosófico-religiosa eclética e sincrética (Cairns, 1995).

Tertuliano (160-220 d.C.) e Cipriano de Cartago (?-258 d.C.) foram os principais polemistas da escola do Norte da África. As polêmicas tratadas por eles não tinha ordem teórica, eram relacionadas às práticas espúrias introduzidas na Igreja por líderes locais e pessoas não convertidas do paganismo. Tertuliano, de perfil mais legalista, preocupou-se com práticas litúrgicas, comportamentais e ensinos estranhos à fé cristã. Cipriano combateu as heresias que pervertiam o conceito correto de igreja (Cairns, 1995).

Além dos apologistas e polemistas, houve ainda os que produziram escritos históricos, doutrinários e litúrgicos. Entre eles, podemos destacar

Atenágoras, Teófilo de Antioquia, Hipólito, Metódio, Novaciano, Atanásio, Eusébio de Cesareia, Cirilo de Jerusalém, Basílio de Cesareia, Gregório de Nazianzo, Gregório de Nissa, João Crisóstomo, Ambrósio de Milão, Bento de Núrsia, Gregório Magno, Isidoro de Sevilha e João de Damasco (Cairns, 1995).

3.2.3 Teologia e filosofia

Entre os Pais da Igreja havia os que defendiam um diálogo entre filosofia e teologia e os que defendiam que a teologia deveria ser usada para refutar a filosofia pagã. Marilena Chaui (1997, p. 44) resume a questão afirmando que "o grande tema de toda a Filosofia patrística é o da possibilidade de conciliar razão e fé".

Chaui (1997, p. 44-45) descreve que, a esse respeito, havia três posições:

> 1. Os que julgavam fé e razão irreconciliáveis e a fé superior à razão (diziam eles: "Creio porque absurdo"). 2. Os que julgavam fé e razão conciliáveis, mas subordinavam a razão à fé (diziam eles: "Creio para compreender"). 3. Os que julgavam razão e fé irreconciliáveis, mas afirmavam que cada uma delas tem seu campo próprio de conhecimento e não devem misturar-se (a razão se refere a tudo o que concerne à vida temporal dos homens no mundo; a fé, a tudo o que se refere à salvação da alma e à vida eterna futura.

Tertuliano de Cartago opunha-se, totalmente, ao diálogo entre teologia cristã e filosofia pagã. Matos (2008, p. 46) afirma que:

> Uma característica interessante do pensamento de Tertuliano é a sua atitude negativa em relação à filosofia, em contraste com autores anteriores (como Justino Mártir) ou contemporâneos seus (como Clemente de Alexandria). Essa atitude surgiu pela primeira vez em sua obra *Prescrição Contra os Hereges*, na qual ele faz a famosa indagação: 'Qual a relação entre Atenas e Jerusalém ou entre a Academia e a Igreja?'. Para ele, o cristão devia ater-se às Escrituras, aos ensinos

dos apóstolos e à regra de fé da Igreja, rejeitando as especulações humanas e as racionalizações filosóficas.

Essa aversão de Tertuliano à aproximação entre teologia e filosofia, embora tenha o poder de realçar a suficiência das Escrituras, serviu de trampolim para atitudes mais radicais e legalistas de sua parte, o que o levou, mais tarde, a integrar um grupo de extremistas cristãos liderados por um indivíduo que dizia ser o Paráclito (o Espírito Santo).

Divergindo de Tertuliano, Justino de Roma, severo crítico do exclusivismo religioso dos judeus, mostrou-se complacente em relação aos filósofos gregos. Para ele, de acordo com o que escreveu em sua primeira *Apologia* (Justino de Roma, 1995), num certo sentido, Platão foi discípulo de Moisés, pois dependeu muito dele para afirmar as coisas que ensinou.

Em diversos pontos de sua primeira *Apologia*, Justino vê pontos de consenso entre os ensinos dos melhores filósofos gregos e os escritos dos profetas. Isso se dá, segundo ele, "por causa da semente do Verbo, que se encontra ingênita em todo o gênero humano" (Justino de Roma, 1995, p. 130).

No parágrafo 10 de sua segunda *Apologia*, Justino (1995, p. 134) diz que os melhores filósofos, por exemplo, falaram de um ser supremo "que se encontra acima de todos os demais seres do qual todos derivam sua existência [...] existe vida além da morte física [...] este mundo não esgota toda a realidade, mas que há outro mundo de realidades eternas".

Dessa forma, "tudo o que os filósofos e legisladores disseram e encontraram de bom, foi elaborado por eles pela investigação e intuição, conforme a parte do Verbo que lhes coube" (Justino de Roma, 1995, p. 134, II Apologia, parágrafo 10).

Quanto aos cristãos, diferentemente dos filósofos gregos que possuem uma parcela do Verbo – o Verbo seminal –, eles o possuem em plenitude (Justino de Roma, 1995, II Apologia, parágrafo 10, alínea 3). Os cristãos receberam o banho da iluminação que faz com que eles entendam os mistérios de Deus (I Apologia, parágrafo 61, alínea 12). Essa ação reveladora de Deus é uma dádiva que Ele concede aos seus eleitos, a quem concede a graça de reconhecer a Cristo (Justino de Roma, 1995, Diálogo com o judeu Trifão, parágrafo 30, alínea 1) e pela mesma graça são ensinados (Justino de Roma, 1995, Diálogo com Trifão, parágrafo 32, alínea 5). A iluminação do cristão vem por meio da verdadeira circuncisão, a do coração (Justino de Roma, 1995, Diálogo com Trifão, parágrafo 114), e isso é um privilégio dos cristãos, "os verdadeiros filhos de Jacó, de Israel, de Judá, de Davi e de Deus" (Justino de Roma, 1995, p. 382-383, parágrafos 121-123).

Esse ensino acerca do Verbo como aquele que ilumina todo homem, em especial os cristãos, influencia a interpretação bíblica em grande medida. Se os filósofos falaram verdades porque tinham parte do Verbo, se os judeus não compreenderam o Antigo Testamento por terem rejeitado o Verbo, segue-se que, somente os cristãos, que foram iluminados por partilhar do Verbo todo, podem compreender todo o sentido das Escrituras.

3.2.4 Agostinho de Hipona

Queremos destacar, nesta sessão, o mais importante e conhecido dos Pais da Igreja, o bispo Agostinho de Hipona (354-430 d.C.). Nascido em Tagaste, no norte da África (moderna Argélia), foi filho de Patrício, funcionário público de classe média, e Mônica, cristã piedosa de personalidade forte. Segundo Matos (2008, p. 82), "Agostinho foi o último dos grandes escritores cristãos da antiguidade", bem como "precursor da teologia medieval", influenciando "profundamente a teologia protestante do século XVI". Dentre suas contribuições, Matos (2008, p. 82) menciona o fato de que ele deu "à teologia ocidental características que a destacaram da oriental e contribuíram para o rompimento final das duas tradições".

Agostinho peregrinou por diversas opções filosóficas. Estudou em Madaura e Cartago e teve contato com a filosofia por meio dos escritos de Cícero. Manifestou interesse pelo maniqueísmo e pelo ceticismo. Estudou também em Roma e em Milão. Em Milão, recebeu influência da filosofia neoplatônica, o que lhe conferiu uma compreensão mais profunda da doutrina da transcendência e do problema do mal. Os ensinamentos de Porfírio e de Plotino causaram profundas impressões em Agostinho. Tendo despertado interesse pela retórica, dedicou-se a ouvir os sermões de Ambrósio, bispo de Milão (Reale; Antiseri, 2003b).

Sua conversão ao cristianismo ocorreu em agosto de 386, quando tinha 30 anos de idade. Os detalhes desse evento estão em seu escrito mais conhecido, *Confissões* (Agostinho, 1984). Retornando a Tagaste no ano seguinte, por causa da morte de sua mãe, Agostinho estabeleceu-se em Hipona, onde foi consagrado ao sacerdócio, vindo a tornar-se bispo no ano de 396 (Matos, 2008).

Reale e Antiseri (2003b, p. 81) realçam a contribuição literária de Agostinho afirmando:

> A vasta produção literária de Agostinho pode ser dividida do seguinte modo: 1) obras de caráter filosófico (particularmente todos os diálogos); 2) obras teológicas, entre as quais sobressai *A Cidade de Deus*; 3) escritos exegéticos e polêmicos, principalmente contra os Maniqueus, os Pelagianos e os Donatistas. *Confissões*, que é a obra mais significativa de Agostinho, constitui, também no gênero, uma novidade absoluta.

Agostinho escreveu contra os maniqueístas e defendeu a tese de que não é preciso crer em duas forças contrárias para explicar o problema do mal. Em sua obra *Da natureza do bem*, Agostinho (2021) valeu-se da filosofia neoplatônica, adaptando-a ao cristianismo para refutar as doutrinas maniqueístas, que outrora defendera em sua peregrinação intelectual. Todavia, ele discordava do neoplatonismo quanto à doutrina da impessoalidade do ser divino (Matos, 2008).

> Com a ajuda da filosofia, Agostinho demonstrou racionalmente a superioridade do cristianismo e forneceu padrões para o pensamento cristão sobre temas como Deus, graça, a criação, o pecado, o livre-arbítrio e o mal. Empregou argumentos já conhecidos, porém de forma nova e atraente. (Matos, 2008, p. 85)

Segundo Matos (2008, p. 86), na controvérsia com os donatistas, Agostinho defendeu "que o batismo e a eucaristia transmitem a graça de Deus *ex opere operato*, ou seja, 'em virtude do próprio ato', independentemente da condição moral e espiritual do oficiante", portanto, "o sacramento é válido mesmo quando ministrado por um sacerdote imoral ou herético, contanto que tenha a ordenação válida e esteja em comunhão com a Igreja".

Contra os discípulos de Pelágio, Agostinho escreveu *Do Espírito e da Letra, Da Natureza e da Graça, Da Graça de Cristo e do Pecado Original, Da Graça e do Livre-arbítrio, Da Predestinação dos Santos*. Todas essas obras realçaram o pensamento agostiniano e deram a ele o título de defensor da doutrina cristã da graça divina. O monergismo, crença de que a salvação é fruto da ação de um só – no caso, Deus–, tem, nos escritos de Agostinho, sua defesa mais explícita entre todos os Pais da Igreja.

Além dessas obras citadas, Agostinho ainda produziu dois outros escritos importantíssimos: *Sobre a Trindade* e *A cidade de Deus*. Em *Sobre a Trindade*, ele afirma que todas as coisas criadas trazem em si as marcas da Trindade.

Para ele, como esclarece Matos (2008, p 88), as faculdades da alma: "a memória, o entendimento e a vontade" são análogas à realidade da Trindade divina. Com forte ênfase na unidade essencial e relacional dos membros da Trindade, Agostinho enfatizou que o amor é o vínculo que une o Pai, o Filho e o Espírito Santo. Segundo ele, há um Pai que ama ao Filho e, pelo Filho, é Amado; há um Filho que ama ao Espírito e, pelo Espírito, é amado; e há um Espírito que ama ao Pai e, pelo Pai, é amado (Matos, 2008).

Em seu livro *A caminhada cristã na história*, Alderi Souza de Matos (2005, p. 78) afirma que Agostinho, em *A cidade de Deus*, defende o cristianismo da falsa acusação de que os seus adeptos tinham sido os responsáveis pelo saque de Roma em 410 d.C. Tendo abandonado o pensamento corrente, o milenismo, que considerava o milênio como um tempo específico num futuro escatológico, Agostinho adotou a postura que, mais tarde, ficou conhecida como *amilenismo*, ou seja, ele passou a ensinar que os mil anos citados no livro do Apocalipse, no Capítulo 20, iniciaram-se na encarnação de Cristo.

Essa doutrina "tornou-se a concepção predominante entre os cristãos ocidentais, inclusive os reformadores protestantes, por quase mil e quinhentos anos" (Matos, 2005, p. 78).

Cairns (1995) afirma que, nos Livros XI a XXII, Agostinho desenvolve uma filosofia da história sem precedentes. Segundo Cairns (1995), a ideia central está no Livro XV, no Capítulo 28. Para Agostinho, há duas cidades: a Cidade de Deus, "formada de todos os seres humanos e celestiais unidos no amor a Deus e interessados somente em sua Glória"; e a Cidade da Terra, "composta pelos seres que, amando apenas a si mesmos, procuram sua própria glória e seu próprio bem" (Cairns, 1995, p. 119). As cidades convivem neste mundo por algum tempo até que, no julgamento final, os membros da Cidade de Deus viverão "em felicidade eterna" e os membros da Cidade da Terra viverão "em castigo eterno" (Cairns, 1995, p. 120).

Além das obras citadas, Agostinho teve enorme influência sobre a epistemologia na filosofia ocidental. A sua teoria da iluminação revolucionou a epistemologia e lançou novas luzes sobre as teorias de conhecimento já existentes em seus dias. Por meio de Agostinho, houve uma mudança epistemológica significativa: a doutrina sobre a iluminação substituiu a doutrina platônica da anamnese, ou reminiscência.

Reale e Antiseri (2003b, p. 91) esclarecem essa diferença:

> Para Platão, as almas humanas contemplaram as Ideias antes de encarnar-se nos corpos, e depois se recordam delas na experiência concreta. Para Agostinho, ao contrário, a suprema Verdade de Deus é uma espécie de luz que ilumina a mente humana no ato do conhecimento, permitindo-lhe captar as Ideias, entendidas como as verdades eternas e inteligíveis presentes na própria mente divina.

Em sua obra *Cidade de Deus*, defendendo a superioridade do platonismo às outras opções filosóficas, Agostinho aponta que Deus é a fonte de toda verdade. Segundo ele,

> E embora o homem cristão, sendo ignorante de seus escritos, não use em disputa palavras que não tenha aprendido – não chamando essa parte da filosofia de natural (que é o termo latino), ou físico (que é o termo grego), que trata da investigação da natureza; ou aquela parte racional, ou lógica, que lida com a questão de como a verdade pode ser descoberta; ou aquela parte moral, ou ética, que diz respeito à moral e mostra como o bem deve ser buscado e o mal evitado – ele não é, portanto, ignorante que é do único Deus verdadeiro e supremamente bom que temos essa natureza na qual somos feitos à imagem de Deus, e aquela doutrina pela qual O conhecemos e a nós mesmos, e aquela graça pela qual, ao nos apegarmos a Ele, somos abençoados. Esta, portanto, é a razão pela qual preferimos estes a todos os outros,

porque, enquanto outros filósofos desgastaram suas mentes e poderes em buscar as causas das coisas e se esforçando para descobrir o modo correto de aprender e viver, estes, por conhecer a Deus, descobriram onde reside a causa pela qual o universo foi constituído, e a luz pela qual a verdade deve ser descoberta, e a fonte na qual a felicidade deve ser bebida. Todos os filósofos, então, que tiveram esses pensamentos a respeito de Deus, sejam platônicos ou outros, concordam conosco. (Agostinho, 2021, p. 1996-1997)

Nas *Confissões*, Agostinho (1984, p. 227) é mais explícito em defender que Deus é a fonte de todo conhecimento:

Meus verdadeiros bens já não estavam fora de mim, e já não os buscava com os olhos da carne à luz desse sol. Aqueles que pretendem encontrar a alegria fora de si mesmos facilmente encontram o vazio, dissipando-se nas coisas visíveis e temporais, das quais o seu pensamento faminto lambe somente as aparências. [...] Que ouçam a nossa resposta: Está gravada dentro de nós a luz da tua face, Senhor! De fato, não somos nós a luz que ilumina a todo homem, mas somos iluminados por ti, para que sejamos luz em ti, nós que fomos trevas um dia.

Mais adiante, Agostinho conclui que Deus, que é luz e imutável, é também a fonte do conhecimento confiável e certo:

Nada pude discernir sem o teu auxílio, e reconheci que nada disso eras tu. Nem era eu o descobridor quando percorria todas as coisas, tentando distingui-las e avaliá-las de acordo com a dignidade de cada uma, tomando e interrogando as que me eram transmitidas pelos sentidos. Analisei as que sentia como unidas a mim; examinei e classifiquei os próprios órgãos, dos quais as recebera. Enfim, no vasto tesouro da memória, resolvi muitas impressões, guardando algumas e trazendo outras à luz. Entretanto nem a pessoa empenhada nesse trabalho, ou melhor, nem as minhas forças, que me faziam trabalhar não eram tu, pois tu és a luz inextinguível que eu consultava sobre a existência, a natureza e o valor de todos os seres. (Agostinho, 1984, p. 297-298)

É praticamente impossível ler os Pais da Igreja ignorando a contribuição de Agostinho à filosofia e à teologia. Particularmente importante foi sua tese denominada *terceira navegação*. Como esclarecem Reale e Antiseri (2003b, p. 102), a primeira navegação é a literal, daquele que singra os rios e mares com barcos, jangadas e navios. A segunda navegação é a figurada, proposta por Platão como a busca humana pela verdade. Nesse caso, a jangada é a razão. A tese agostiniana é de que existe uma terceira navegação.

Reale e Antiseri (2003b, p. 102) explicam com excelência a tese:

> A tese de Agostinho é a seguinte: alguns filósofos compreenderam que existe o além, mas a razão humana sozinha não podia dar aos homens o meio para chegar ao além. Entre nós e o além existe o mar deste século, que devemos atravessar. Então veio Cristo justamente para trazer-nos o meio para atravessar o mar da vida; e o único meio seguro que nos permite atravessar este mar é a cruz.

Lendo os Pais da Igreja, podemos obter uma compreensão dos desafios enfrentados pela igreja cristã nos primórdios de seu desenvolvimento. A leitura dos textos produzidos nesse período precisa levar em consideração a natureza genérica das produções literárias. Alguns Pais da Igreja produziram textos litúrgicos e práticos, com ênfase pastoral. Esses textos pouco ou nada contribuem para uma investigação filosófica do pensamento cristão. As obras apologéticas e polemistas, assim com as teológicas mais tardias, contêm farto material que nos dá indicações claras de como os cristãos primitivos, antigos e medievais concebiam a relação entre teologia cristã e filosofia pagã.

3.3
Autores escolásticos

Em seu livro *Teologia dos reformadores*, o teólogo Timothy George (1993, p. 42) afirma que escolasticismo se refere "à teologia das escolas (*scholae*)". Desde a tomada de Jerusalém, em 638, até sua retomada em 1099, a teologia cristã era resultante "basicamente do trabalho dos monges" (George, 1993, p. 42).

George (1993) afirma que Anselmo de Cantuária (1033-1109) foi o iniciador daquilo que mais tarde passou a ser chamado de *escolasticismo primitivo*.

Cairns (1995, p. 187) esclarece que

> O Escolasticismo pode ser definido com a tentativa de racionalizar a teologia para que sustente a fé com a razão. A teologia pôde, então, ser tratada de uma perspectiva mais filosófica do que bíblica. Os dados da revelação deveriam ser organizados sistematicamente através do uso da lógica dedutiva de Aristóteles e harmonizados com a filosofia de Aristóteles, recentemente redescoberta. [...] Eles tinham de reconciliar a filosofia natural de Aristóteles, conquistadas por processos racionais, com a teologia revelada da Bíblia, aceita pela fé.

Reale e Antiseri (2003b) dividem o pensamento medieval em quatro períodos distintos: 1) o período obscurantista, que se estende do século V ao IX; 2) o período das reformas monásticas, que ocupa os séculos X e XI; 3) a era de ouro da escolástica, que coincide com o século XIII; 4) o período de declínio da Igreja e do Império, denominado também o período das controvérsias sobre a relação entre a fé e a razão.

Marilena Chaui (1997, p. 45) afirma que uma das características mais marcantes da escolástica foi "o método por ela inventado para expor as ideias filosóficas, conhecido como disputa". Nessa metodologia, segundo Chaui (1997, p. 45), "apresentava-se uma tese e esta devia ser ou refutada ou defendida por argumentos tirados da Bíblia, de Aristóteles, de Platão ou de outros Padres da Igreja".

Chaui (1997, p. 45, grifo do original) esclarece que

uma ideia era considerada uma tese verdadeira ou falsa dependendo da força e da qualidade dos argumentos encontrados nos vários autores. Por causa desse método de disputa – teses, refutações, defesas, respostas, conclusões baseadas em escritos de outros autores –, costuma-se dizer que, na Idade Média, o pensamento estava subordinado ao **princípio da autoridade**, isto é, uma ideia é considerada verdadeira se for baseada nos argumentos de uma autoridade reconhecida (Bíblia, Platão, Aristóteles, um papa, um santo).

George (1993, p. 43) explica que Pedro Lombardo, discípulo de Anselmo, em suas *Sentenças*, aplicou "os instrumentos da razão aos dados da revelação". O método usado por ele, segundo George (1993, p. 43), tornou-se o "padrão para o estudo teológico avançado durante os quatro séculos seguintes".

O método escolástico denominado *quaestio* representou uma revolução metodológica que foi usada com bastante regularidade nas defesas de teses dos escolásticos e até mesmo depois do período medieval. O método foi usado mesmo depois do surgimento da modernidade, principalmente, no campo teológico.

3.3.1 Razão e fé

Assim como ocorreu na patrística, o assunto da relação entre razão e fé ocupou espaço nas discussões entre os mestres escolásticos. Durante o período escolástico, houve uma extensa produção teológica em diálogo frequente com a filosofia. Entre os muitos temas abordados por esses mestres cristãos podemos destacar a relação entre fé e razão e as controvérsias a respeito da realidade.

Anselmo de Cantuária (?-1109) levantou a questão referente à relação entre razão e fé ao definir que todo conhecimento da verdade principia pela fé e prossegue pelo uso da razão.

Segundo George (1993, p. 43), a teologia de Anselmo, "começa com a fé e prossegue através do entendimento indo para a visão". O autor explica que, para Anselmo, "a fé encontra-se sempre por ser compreendida: *fides quaerens intellectum*" (George, 1993, p. 43). No seu *Poslogion*, Anselmo afirma que não procura entender para crer, mas crê para entender (George, 1993). Para ele, a razão é um instrumento, mas não causa do conhecimento da verdade, como explica George (1993). É necessário, segundo ele, haver uma harmonia, "um equilíbrio apropriado entre a fé e a razão, de um lado, e entre a natureza e a graça, do outro" (George, 1993, p. 43).

Nem todos os escolásticos, porém, concordavam com Anselmo. Cairns (1995, p. 190) afirma que Pedro Abelardo de Paris (1079-1142), contrariando Agostinho e Anselmo, "defendia a ideia de *intelligo ud credam* (sei para crer)". Seu apelo à razão para a compreensão da verdade lhe rendeu algumas complicações na Academia. Porém, Abelardo foi coerente em crer e praticar que "a dúvida deveria levar à pesquisa e a pesquisa à verdade" (Cairns, 1995, p. 190).

A disputa entre os adeptos da teoria de Anselmo e os da teoria de Abelardo encontraram em Tomás de Aquino um mediador. O método criado por Pedro Lombardo encontrou em Tomás de Aquino sua máxima expressão. Tomás de Aquino inovou o método e acrescentou a ele um diálogo frequente com a recém-descoberta filosofia aristotélica (George, 1993).

Tomás de Aquino posicionava-se mais a favor de Anselmo do que de Abelardo. Todavia, Tomás reconhecia que a razão precede a revelação como instrumento de conhecimento. O risco que a teoria tomista criou foi o de que, por meio dela, o conhecimento natural e o espiritual fossem separados e colocados em campos estanques, sem nenhum ponto de contato entre si, "ao invés de entender que os dois são apenas partes de um todo maior unificado em Deus como Criador", tese defendida anteriormente por Agostinho (Cairns, 1995, p. 194).

Tomás de Aquino nasceu em Roccasecca, por volta de 1220/1221 e faleceu em 7 de março de 1274, aos 53 anos de idade, no mosteiro de Fossanova. Foi discípulo de Alberto Magno, frade dominicano, e ensinou em Paris e nas principais universidade europeias, como Bolonha, Roma e Nápoles.

Reale e Antiseri (2003b, p. 211) assim o descrevem:

> Expoente máximo entre os escolásticos, verdadeiro gênio metafísico e um dos maiores pensadores de todos os tempos [...], elaborou um sistema de saber admirável pela transparência lógica e pela conexão orgânica entre as partes, de índole mais aristotélica do que platônico-agostiniana.

Tomás de Aquino defendia uma filosofia teocêntrica. Para ele, Deus, o Criador, é o centro de todas as coisas criadas por Ele. Esse pressuposto constitui-se a linha condutora da filosofia de São Tomás de Aquino. Deus, fonte de nossa existência, é também a fonte da fé e da razão. Pela fé compreendemos que Deus é supremo, perfeito e verdadeiro. Essa fé é o guia que devemos usar para nos guiar em nossos discursos racionais. A filosofia tomista assumiu, para si, feições puramente cristãs ao adotar o pressuposto da fé como guia para o pensamento filosófico (Reale; Antiseri, 2003b).

No tomismo, a razão é sempre serva da fé. A fé é como uma senhora cuja governanta é a razão. Para ilustrar, podemos nos valer da figura de uma pousada cuja dona é a senhora Fé. Essa pousada tem 50 quartos. A governanta, a senhora Razão, tem 49 chaves. Somente a Fé tem, em seu poder, todas as chaves tidas pela governanta Razão e as chaves que abrem o aposento da senhora Fé. Assim, a Razão serve à Fé e é por ela guiada em sua busca pela verdade.

3.4
Controvérsias sobre a realidade e a linguagem

Boécio (480-524 d.C.) deu início a uma discussão que se estendeu por muito tempo na Era Medieval: a controvérsia a respeito dos universais. De acordo com Reale e Antiseri (2003b), ao escrever seu comentário ao texto de *Isagogue*, de Porfírio (233-210 d.C.), Boécio levantou três questões fundamentais: 1) se existem ou não os universais, ou seja, os gêneros e as espécies: animal, homem etc.; 2) se eles são ou não corpóreos; e 3) supondo que sejam incorpóreos, se estão ou não unidos às coisas sensíveis.

A questão dos universais dizia respeito à relação entre linguagem e realidade. Esse debate "está no centro dos estudos gramaticais e da dialética" e ganhou maior importância no século XII por suas implicações "linguísticas, gnosiológicas e teológicas" (Reale; Antiseri, 2003b, p. 166). O problema dizia respeito à "determinação do fundamento e do valor dos conceitos e termos universais – por exemplo, 'animal', 'homem' – aplicáveis a uma multiplicidade de indivíduos" (Reale; Antiseri, 2003b, p. 167).

Reale e Antiseri (2003b, p. 168) explicam que:

> Mais em geral, trata-se de um problema que diz respeito à determinação da relação entre as ideias ou categorias mentais, expressas com termos linguísticos, e as realidades extramentais; ou, em última análise,

é o problema da relação entre as *voces* e as *res*, entre as palavras e as coisas, entre o pensamento e o ser. O problema envolve, portanto, o fundamento e a validade do conhecimento e, em geral, do saber humano. Podemos ainda reformular a questão do seguinte modo: os *universalia* são *ante rem*, *in re* ou *post rem*?

Segundo Reale e Antiseri (2003b), as soluções apresentadas dividem-se em quatro grupos distintos: 1) realismo exagerado; 2) nominalismo; 3) conceitualismo; e 4) realismo moderado.

Reale e Antiseri (2003b, p. 168) esclarecem que o realismo exagerado é a tese de que "os termos universais são *res* ou entidades subsistentes". O substantivo grego *res* significa "a coisa em si", aquilo que é.

Guilherme de Champeaux, citado por Reale e Antiseri (2003b, p. 168), era grande defensor dessa tese e insistia na "perfeita adequação ou correspondência entre os conceitos universais e a realidade". A tese de Champeaux, segundo Reale e Antiseri (2003b), representava o resgate das concepções platônicas a respeito da realidade dicotomizada.

Para os defensores do realismo exagerado, como explicam Reale e Antiseri (2003b, p. 168), "os universais são reais em si mesmos e estão também essencialmente presentes em cada um dos indivíduos, então estes em nada diferem entre si pela essência, mas somente pela variedade dos acidentes".

Reale e Antiseri (2003b, p. 168) explicam que o nominalismo, tese defendida por Roscelino de Compiègne (1050-1120), contrapôs-se ao realismo exagerado porque, para Compiègne,

> os universais ou conceitos universais não têm nenhum valor, nem semântico nem predicativo, não podendo se referir a nenhuma *res*, dado que todas as coisas existentes são singulares ou separadas (*discretae*), e nada existe além da individualidade (*nihil est praeter individuum*).

O nominalismo é uma postura cética quanto à existência dos universais e rejeita completamente toda e qualquer forma de platonismo. Para os nominalistas, "o universal seria simples nome que indica uma multiplicidade de indivíduos e nada mais" (Reale; Antiseri, 2003b, p. 169). Guilherme de Ockham, filósofo inglês (1287-1347), foi o mais ardoroso defensor do nominalismo.

Conforme Reale e Antiseri (2003b, p. 169):

> Enquanto os realistas propunham o problema dos universais no campo estritamente metafísico, ontologizando os universais, isto é, sustentando que eles são *res* ou entidades metafísicas, os nominalistas, em oposição radical, puseram em crise o valor significante dos termos universais.

Reale e Antiseri (2003b, p. 169) relatam que Pedro Abelardo de Paris (1079-1142) foi taxativo em discordar do universalismo de Anselmo, afirmando que

> tudo é individual, é unidade compacta ou singular de matéria e forma. Apesar disso, pelo pensamento, a *ratio* humana tem o poder de distinguir e separar os diversos elementos que subsistem unidos na realidade. Analisando e comparando os diversos seres singulares no processo cognoscitivo-abstrativo, a *ratio* está em condições de captar entre os indivíduos da mesma espécie um aspecto peculiar que eles compartilham.

O conceitualismo, como descrevem Reale e Antiseri (2003b, p. 169), representou a vitória da concepção aristotélica sobre a platônica nas disputas em torno dos universais. Para os conceitualistas, segundo Reale e Antiseri (2003b, p. 169), Aristóteles estava certo ao defender que o universal "embora não sendo um arquétipo ideal, é um conceito significativo obtido por abstração".

O realismo moderado propõe-se a ser uma posição mediana entre a concepção platônica, representada pelo realismo exagerado e a concepção aristotélica, representada pelo nominalismo. Para os defensores do realismo moderado, segundo Reale e Antiseri (2003b, p. 170), os universais possuem tríplice valência:

1. se considerados como transcendentes e anteriores às coisas (na mente de Deus) correspondem às Ideias platônicas;
2. se considerados como imanentes e presentes nas coisas (nos corpos individuais) correspondem às formas aristotélicas;
3. se considerados como abstratos e posteriores às coisas (na mente humana) correspondem aos conceitos lógicos.

Reale e Antiseri (2003b, p. 170) afirmam que o grande defensor do realismo moderado foi Tomás de Aquino e que, para ele, o universal existe

a) tanto *ante rem* na mente de Deus como arquétipo (como queria Platão, mas repensado em ótica criacionista); b) como *in re*, isto é, nas coisas, como forma que estrutura ontologicamente os indivíduos (como queria Aristóteles, embora repensada em ótica criacionista); c) como também *post rem*, como conceito mental (como pensava Aristóteles).

O realismo moderado de Tomás de Aquino está exposto no seu tratado *O ente e a essência* (Reale; Antiseri, 2003b).

Reale e Antiseri (2003b, p. 216) explicam que o ente é, para ele, "o conceito fundamental" para indicar "qualquer coisa que exista". O ente pode ser "tanto lógico ou puramente conceitual, como real ou extramental". Com isso, ele quis afirmar que "nem tudo o que é pensado existe realmente". Portanto, "o ente lógico e o ente real são duas vertentes que se precisa manter distintas" (Reale; Antiseri, 2003b, p. 216).

3.5
Caminhos para a interpretação de textos filosóficos medievais

No texto que segue, veremos o uso da metodologia da disputa. Adotaremos como exemplo de um texto escolástico, nos moldes de Pedro Lombardo, a Questão 16, no seu segundo artigo, da primeira parte da *Suma teológica* de Tomás de Aquino (2019). A questão 16 discute o tema da verdade em oito artigos. Dada à extensão dos oito artigos, veremos apenas o primeiro deles, o que acreditamos ser suficiente para nos proporcionar uma visão de como devemos ler e interpretar uma produção filosófica escolástica.

> ARTIGO SEGUNDO
> A verdade encontra-se primariamente na inteligência ou nas coisas?
> I – TESE: PARECERIA QUE A VERDADE SE ENCONTRA PRIMARIAMENTE NAS COISAS, E NÃO NA INTELIGÊNCIA.
> 1. Conforme expusemos no artigo I, o verdadeiro é conversível com o ente. Ora, o ente se encontra antes de tudo fora da inteligência. Logo, também o verdadeiro se encontra antes fora da inteligência, ou seja, nas próprias coisas.
> 2. Além disso, as coisas não estão na inteligência pela sua essência, mas pela sua imagem (*species*), como se lê no livro III da obra *Sobre a Alma*. Se a verdade se encontrasse primariamente na inteligência, a verdade não constituiria a essência da coisa mas apenas uma semelhança ou imagem dela, e o verdadeiro seria apenas uma imagem do ente existente fora do intelecto. Ora, a imagem da coisa, que existe na inteligência, não se predicaria da coisa existente fora da inteligência, como também não seria conversível com ela. Portanto, tampouco o verdadeiro seria conversível com o ente, o que é falso.
> 3. Além disso, tudo aquilo que está em alguma coisa é posterior à coisa na qual está. Se, portanto, a verdade estivesse antes na inteligência do que nas coisas, o juízo sobre a verdade ocorreria segundo o parecer da inteligência. Com o que se voltaria ao erro dos filósofos antigos, segundo os quais tudo o que alguém opina é verdadeiro, e

duas afirmações contraditórias seriam verdadeiras ao mesmo tempo. Ora, isto é absurdo.

4. Além disso, se a verdade residisse primariamente na inteligência, seria necessário que uma coisa que pertence à compreensão da verdade fizesse parte da definição da própria verdade. Ora, Agostinho recusa tais definições da verdade no livro dos Solilóquios; por exemplo, a seguinte: "Verdadeiro é aquilo que é como aparece". Com efeito, se esta definição fosse correta, não seria verdadeiro o que não aparece. Ora, isto é falso em se tratando das pedrinhas mais escondidas que se encontram nas entranhas da terra. Agostinho rejeita também esta definição: "Verdadeiro é aquilo que é tal qual aparece ao sujeito cognoscente, se este quiser e puder conhecer". Com efeito, segundo esta definição, uma coisa deixaria de ser verdadeira, se o sujeito cognoscente não quisesse ou não pudesse conhecê-la. O mesmo aconteceria com quaisquer outras definições da verdade, nas quais se colocasse alguma referência necessária à inteligência. Por conseguinte, a verdade não está primariamente na inteligência. (Aquino, 2009, p. 304-305)

Vamos proceder uma leitura analítica do texto tomista:

a. Análises textual e temática

Tomás de Aquino vale-se de uma forma própria de argumentação, seguindo o padrão previamente estabelecido por Pedro Lombardo. Essa forma de argumentar pressupõe a suficiência da razão na busca pela verdade. A defesa que Tomás faz da natureza objetiva da verdade principia com o estabelecimento de que ela está mais nas coisas que no intelecto.

Como ele chega a essa conclusão?

O texto de Tomás levanta questões pertinentes à verdade. Para ele, é importante identificar onde reside a verdade. As opções apresentadas por ele são no intelecto ou nas coisas em si. Tomás adota, unicamente, essas duas possibilidades. Ele parte do pressuposto de que o conhecimento constrói-se na interação entre objeto cognoscível e sujeito cognoscente.

Depois de concordar com as argumentações de Agostinho contra o raciocínio socrático-platônico, ele conclui que a verdade está nas coisas independentemente de que o intelecto tenha ou não conhecimento delas. Tomás prossegue sua argumentação afirmando que é de consenso que se pense que verdade não esteja unicamente no intelecto humano, mas também nas coisas passíveis de serem conhecidas pelo intelecto.

b. Análise interpretativa

No método escolástico, o pensador cita renomados pensadores do passado e os coloca em diálogo. Ele coloca em contraposição aqueles que concordam com a tese do proponente e os que defenderam uma tese contrária à dele.

O primeiro pensador citado por ele é Agostinho, cuja teoria do conhecimento já foi anteriormente exposta nesta obra. Valendo-se de Agostinho, Tomás questiona a assertiva inicial de que verdade possa estar no intelecto, pois, segundo o iminente teólogo da Igreja antiga, "o verdadeiro se encontra antes fora da inteligência, ou seja, nas próprias coisas".

De posse dessa afirmação de Agostinho, o mestre escolástico a contrapõe ao que ele denomina *erro dos antigos filósofos*. Aristóteles é citado como um dos filósofos que se equivocaram quanto ao assunto. Do contraponto que Tomás faz entre Agostinho e Aristóteles, ele conclui que a verdade existe à parte do intelecto humano.

Insistindo ainda em Aristóteles, e discordando dele, Tomás de Aquino propõe que se raciocine de forma contrária ao filósofo, defendendo que "se, portanto, a verdade estivesse antes na inteligência do que nas coisas, o juízo sobre a verdade ocorreria segundo o parecer da inteligência". Vemos, aqui, que Tomás faz uma concessão sutil ao pensamento aristotélico, sem abandonar sua lealdade a Agostinho.

Como solução ao impasse, Tomás propõe que relacionemos o bem aos apetites e a verdade ao intelecto. Há, segundo ele, uma relação umbilical entre a verdade e o intelecto. O conhecimento pressupõe a existência da coisa conhecida. Em seus termos: "Com efeito, segundo esta definição, uma coisa deixaria de ser verdadeira, se o sujeito cognoscente não quisesse ou não pudesse conhecê-la. O mesmo aconteceria com quaisquer outras definições da verdade, nas quais se colocasse alguma referência necessária à inteligência. Por conseguinte, a verdade não está primariamente na inteligência".

Tomás argumenta que a coisa conhecível pode ser conhecida em si mesma ou por acidente, ou seja, podemos tomar conhecimento de algo ao ter contato com aquilo ou em função de algum tipo de afecção sobre nossos corpos. O que é percebido deve corresponder ao padrão fornecido pela mente, assim, a pedra em si deve corresponder ao conceito universal de pedra. Essa correspondência é um elemento fundamental na lógica aristotélica. Então, segundo ele, a coisa existe no intelecto como forma e é percebida por ele na realidade. O primeiro conhecimento é intelectual e o segundo é o real, que corresponde ao ser conhecível.

Tendo feito as devidas concessões a Aristóteles, Tomás parte para analisar as afirmações de Agostinho, Hilário, Anselmo e Avicena. De Agostinho, ele extrai as afirmações de que é por meio da verdade que as coisas são manifestas e que a verdade é a suma semelhança do princípio que não pode comportar em si nenhuma dessemelhança. De Hilário, ele cita que a verdade declara e manifesta o ser. De Anselmo, ele menciona a definição de que verdade é retidão, a qual é percebida pela mente, e, de Avicena, que a verdade é a propriedade do ser que lhe é atribuída.

A didática escolástica impõe aos seus integrantes que eles formulem perguntas, levantem hipóteses, busquem fontes confiáveis de argumentação, tanto confirmadoras quanto questionadoras da tese defendida pelo expositor. Tomás, nesse quesito, destaca-se como um autêntico argumentador escolástico.

Somente depois de percorrido o caminho da argumentação é que o proponente reafirma sua tese de que a verdade está nas coisas antes de estar no intelecto. Nesse ponto, Tomás finaliza: "Por conseguinte, a verdade não está primariamente na inteligência". O que vem em seguida, na continuidade do artigo 16, são respostas às objeções levantadas anteriormente.

c. Problematização

Podemos encontrar a problematização no próprio corpo da argumentação. Primeiro, Tomás de Aquino responde a uma objeção hipotética de Agostinho afirmando que este não estava vinculando o intelecto à noção de verdade. Na resposta à segunda objeção, ele refere-se aos filósofos antigos, em especial a Aristóteles. Tomás defende que a argumentação dos filósofos antigos era deficiente por não cogitar que "a verdade das coisas consiste na relação com o intelecto divino". Em seguida, respondendo à terceira objeção, ele advoga que, ainda que o intelecto seja primeiro na apreensão da verdade a respeito das coisas, o que é passível de conhecimento tem em si, independentemente do intelecto, a verdade como noção própria.

Tomás propõe uma analogia entre a saúde e o remédio. Assim, o ser na analogia a saúde, que "causa a verdade do intelecto", e não o intelecto na analogia o remédio, que causa a verdade do ser. Por fim, citando novamente Aristóteles, Tomás conclui que a resposta às perguntas levantadas no princípio é que "opinião e a oração é verdadeira, porque a realidade existe, não porque seja verdadeira".

Há, nesse artigo, uma concordância de Tomás de Aquino à tese de Aristóteles no que diz respeito à teoria da correspondência. Só é verdade aquilo que faz com que sujeito e predicado sejam perfeitamente harmonizados. Se determinados predicados podem ser percebidos num determinado sujeito, teremos aí a definição de sua identidade.

d. Análise reflexiva

Qual é a relevância prática da questão levantada por Tomás de Aquino? Embora seja uma argumentação essencialmente teórica, sem uma aplicabilidade evidente, a questão levantada deu ensejo a que se formulassem teorias de conhecimento que deram sustentação a teses defendidas posteriormente por diversos filósofos, principalmente os racionalistas e empiristas.

Síntese

Neste capítulo, falamos sobre a guinada que a filosofia deu em direção à teologia. O domínio do cristianismo no Ocidente fez surgiu e florescer uma filosofia dependente da teologia cristã. A era patrística deu um impulso no sentido de pensarmos a fé cristã à luz, ou em contraposição, à filosofia grega clássica. Agostinho foi quem elaborou a melhor síntese desses dois mundos outrora estranhos e irreconciliáveis.

Vimos também que os escolásticos aprofundaram as discussões filosóficas, porém, sempre com o viés da superioridade da teologia sobre a filosofia.

Evidenciamos que a contribuição de Tomás de Aquino foi um marco significativo no avanço dos debates filosóficos e teológicos que levaram a filosofia a um nível mais elevado de valorização e interesse da parte de quem buscava conhecer o pensamento dos antigos filósofos gregos.

Verificamos, por fim, por inferência, que a consideração da era medieval como era das trevas é preconceituosa e necessita ser revisada.

Atividades de autoavaliação

1. De acordo com Marilena Chaui (1997), três importantes contribuições influenciaram o pensamento medieval. Assinale a alternativa que indica corretamente essas contribuições:
    a) O neoplatonismo, o ecletismo e o cinismo.
    b) O platonismo, o aristotelismo e o fixismo de Parmênides.
    c) As escrituras hebraicas, as escrituras cristãs e o neoplatonismo.
    d) O estoicismo, o hedonismo e as teorias de Heráclito.
    e) O método alegórico de Fílon, a Torah mosaica, o Talmud judaico.

2. Analise as afirmações a seguir com relação ao que o neoplatonismo ensinava e julgue-as verdadeiras (V) ou falsas (F).

   ( ) O universo é uma emanação, Deus é absoluto e transcendente, de Deus procede tudo e tudo a Ele retorna.

   ( ) O êxtase é o modo de união com Deus.

   ( ) Não há providência divina, o homem é parte de uma engrenagem que se move por si, Deus é imóvel, o universo é eterno.

   ( ) Deus pode ser plenamente conhecido.

   ( ) O homem é o centro do universo, tudo que há existe para validar a existência humana.

   Agora, assinale a alternativa que apresenta a sequência correta:
   a) V, F, F, F, F.
   b) V, V, F, F, F.
   c) F, V, F, F, F.
   d) V, V, F, F, V.
   e) V, V, F, V, F.

3. Os Pais da Igreja comumente são divididos em dois grupos distintos. Assinale a alternativa que indica corretamente esses grupos:
   a) Pais apostólicos e escolásticos.
   b) Pais constantinopolitanos e latinos.
   c) Pais pastores e doutores.
   d) Pais Apologistas e polemistas.
   e) Bispos e diáconos.

4. Discordando de Justino, que via com bons olhos o uso da filosofia na defesa da fé cristã, Tertuliano usava uma frase que sintetizava sua postura sobre essa questão. Assinale a alternativa que indica corretamente a frase de Tertuliano:

a) Creio, porque absurdo.
   b) Creio e compreendo.
   c) Compreendo para crer.
   d) Ao compreender, não preciso crer.
   e) Creio porque me é imposto crer.

5. Assinale a alternativa que indica corretamente qual é a fonte de toda a verdade para Agostinho:
   a) A razão humana.
   b) A experiência sensorial.
   c) A dialética platônica em diálogo com a lógica aristotélica.
   d) Deus.
   e) A lógica aristotélica.

6. Os escolásticos dividiam-se em grupos a respeito da questão dos universais. Assinale a alternativa que indica corretamente quais eram esses grupos:
   a) Realismo platônico, idealismo aristotélico e ecletismo neoplatônico.
   b) Realismo exagerado, nominalismo, conceitualismo e realismo moderado.
   c) Ceticismo mitigado, conceitualismo pleno e nominalismo moderado.
   d) Platonismo, racionalismo, idealismo e empirismo.
   e) Naturalismo, ceticismo e supramaterialismo.

Atividades de aprendizagem

Questões para reflexão

Reflita sobre as questões propostas a seguir e elabore um texto escrito de até duas páginas com suas considerações sobre elas. Ao desenvolver seu texto, atente para a questão delicada da relação entre fé e razão.

1. Sobre a afirmação de Deus ser a fonte de toda verdade e conhecimento, tanto Agostinho como Tomás de Aquino concordam que, sem Deus, é impossível haver verdade e conhecimento. Diante disso, quais seriam as implicações filosóficas de descartarmos o auxílio da fé na busca da verdade? Sem a hipótese "Deus", o que sobra como fonte de conhecimento e verdade? Elabore um texto escrito com sua resposta e compartilhe-o com seu grupo de estudo.

2. Tomás de Aquino atribuía imenso valor à fé e algum valor à razão. Ele hierarquizava a fé e a razão. Na sua interpretação pessoal a respeito das ideias de Tomás de Aquino, o que acontece com quem desconsidera a razão e fica apenas com a fé? E o que acontece com quem desconsidera a fé e valoriza apenas a razão? Como podemos fazer filosofia sem o amparo da fé? Que tipo de filosofia pode ser produzida à parte da fé?

Atividade aplicada: prática

1. Quase todos os escritos de Justino foram perdidos por ocasião da perseguição que resultou em sua morte. Sua obra *Apologia* resistiu e, hoje, pode ser lida livremente. A Editora Paulus publicou, em um só volume, as duas apologias de Justino. Sugerimos a leitura da primeira apologia. Essa obra, dividida em 66 proposições, é uma amostra importante da apologética cristã. Sem dúvida, uma obra de teologia e filosofia que merece ser lida com ávido interesse. Após a leitura, elabore uma aula sobre o tema destinada a estudantes iniciantes do curso de Filosofia.

JUSTINO Mártir. **Apologia I**. Tradução de Roque Frangiotti. Disponível em: <https://apologistascatolicos.com.br/obraspatristicas/Obras/PadresSecII/SaoJustinoMartir/ApologiaI.html>. Acesso em: 15 fev. 2024.

4

Textos de filosofía moderna

Neste capítulo, faremos uma exposição e breve análise dos escritos produzidos pelos filósofos conhecidos como *filósofos da modernidade*. Esses filósofos notabilizaram-se por defender uma guinada filosófica significativa, de uma perspectiva que olha para cima, em busca de respostas em um ser divino, transcendente e onisciente, fonte de toda luz, para uma perspectiva horizontal, que busca resposta num mundo de homens imperfeitos, que aspiram à aquisição da verdade por métodos novos e demonstráveis.

No decurso do período histórico conhecido como *modernidade*, surgiram pensadores que buscaram resgatar o valor do homem como fonte de conhecimento e objeto desse conhecimento, um renascer para um novo mundo a ser explorado. Outros, vendo-se iluminados, buscaram na razão e na experiência explicações para todas as coisas, especialmente como tudo se mostra a quem o observa. Porém, nem tudo foi consenso e, por fim, alguns teceram críticas a todos os sistemas filosóficos que os antecederam.

A modernidade, para alguns, findou antes das grandes guerras mundiais, enquanto para outros a modernidade somente trocou de feição e continuou viva no pensamento contemporâneo.

4.1
Contextualização

O longo período medieval deu lugar a um novo período denominado *Era Moderna*. Na Era Moderna, o centro deixou de ser Deus e passou a ser o homem. O movimento humanista que surgiu na Itália e expandiu-se por toda a Europa fez, portanto, com que houvesse uma mudança do teocentrismo para o antropocentrismo.

Os filósofos renascentistas não romperam definitivamente com a religião. Fé, razão e ciência andaram juntas por algum tempo, porém, com o advento do racionalismo, o rompimento com as tradições cristãs ocidentais foi inevitável. As universidades e as mudanças culturais que surgiram nesse período fizeram surgir novas formas de pensar o mundo além daquela forma previamente definida pela Igreja cristã. O racionalismo, o empirismo e, mais tarde, o criticismo somente aprofundaram o fosso entre a modernidade e a Igreja, que permanecia como anestesiada pelo teocentrismo medieval.

Marilena Chaui (1997) distingue filosofia da Renascença de filosofia moderna. Segundo ela, a filosofia da Renascença (do século XIV ao século XVI) foi marcada "pela descoberta de obras de Platão desconhecidas na Idade Média, de novas obras de Aristóteles, bem como pela recuperação das obras dos grandes autores e artistas gregos e romanos" (Chaui, 1997, p. 46). A Renascença foi, antes de tudo, uma redescoberta dos escritos clássicos das literaturas grega e latina.

Segundo Chaui (1997, p. 46), na Renascença, predominaram três linhas de pensamento: 1) neoplatonismo, que "destacava a ideia da Natureza como um grande ser vivo"; 2) humanismo florentino, que "valorizava a vida ativa, isto é, a política, e defendia os ideais republicanos das cidades italianas contra o Império Romano-Germânico". Esse grupo, na defesa do ideal republicano, resgatou os textos políticos da Antiguidade e propôs um retorno à liberdade política que havia antes do império eclesiástico; 3) humanistas práticos, grupo que defendia "o ideal do homem como artífice de seu próprio destino", com autonomia nas áreas de conhecimentos, política, ciências técnicas e artes.

De modo sintético, Chaui (1997, p. 46) resume o contexto em que surgiu a era moderna e quem foram os grandes pensadores desse período importante da história da filosofia:

> A efervescência teórica e prática foi alimentada com as grandes descobertas marítimas, que garantiam ao homem o conhecimento de novos mares, novos céus, novas terras e novas gentes, permitindo-lhe ter uma visão crítica de sua própria sociedade. Essa efervescência cultural e política levou a críticas profundas à Igreja Romana, culminando na Reforma Protestante, baseada na ideia de liberdade de crença e de pensamento. [...] Os nomes mais importantes desse período são: Dante, Marcílio Ficino, Giordano Bruno, Campannella, Maquiavel, Montaigne, Erasmo, Tomás Morus, Jean Bodin, Kepler e Nicolau de Cusa.

Já a filosofia moderna (século XVII até meados do século XVIII) é o período histórico reconhecido pelo **grande racionalismo clássico**, marcado por três grandes mudanças intelectuais: 1) surgimento do sujeito do conhecimento, ou seja, a filosofia do homem – o homem como sujeito da própria reflexão filosófica; 2) uma nova epistemologia, ou seja, questionamentos a respeito de que pode ser conhecido e os conceitos que são "formulados pelo sujeito do conhecimento" (Chaui, 1997, p. 47); 3) revolução copernicana, ou seja, a interpretação da realidade por meio de concepções mecânicas, o desenvolvimento de "um sistema racional de mecanismos físicos, cuja estrutura profunda e invisível é matemática" (Chaui, 1997, p. 47).

Além dessas características essenciais, a modernidade significou ainda a "conquista científica e técnica de toda a realidade, a partir da explicação mecânica e matemática do Universo e da invenção das máquinas, graças às experiências físicas e químicas". Nela também predominou a noção "de que a razão humana é capaz de conhecer a origem, as causas e os efeitos das paixões e das emoções e, pela vontade orientada pelo intelecto, é capaz de governá-las e dominá-las", concluindo que "a vida ética pode ser plenamente racional" (Chaui, 1997, p. 47).

Chaui (1997, p. 47-48) conclui sua análise das principais ideias da modernidade afirmando que

> A mesma convicção orienta o racionalismo político, isto é, a ideia de que a razão é capaz de definir para cada sociedade qual o melhor regime político e como mantê-lo racionalmente. Nunca mais, na história da Filosofia, haverá igual confiança nas capacidades e nos poderes da razão humana como houve no Grande Racionalismo Clássico. Os principais pensadores desse período foram: Francis Bacon, Descartes, Galileu, Pascal, Hobbes, Espinosa, Leibniz, Malebranche, Locke, Berkeley, Newton, Gassendi.

Reale e Antiseri (2004), em *História da filosofia: do humanismo a Descartes*, abordam a questão renascentista na perspectiva do ressurgimento do humanismo. Para eles, a Renascença representou um período de mudanças, não apenas no pensamento filosófico, "mas também, em geral, a mudança da vida do homem, em todos os seus aspectos: sociais, políticos, morais, literários, artísticos, científicos e religiosos" (Reale; Antiseri, 2004, p. 4).

Reale e Antiseri (2004, p. 4-5) afirmam que o principal fator que causou essas mudanças foi o humanismo, que

> significa essa tendência geral que, embora com precedentes ao longo da época medieval, a partir de Francisco Petrarca, apresentava-se agora de modo marcadamente novo por seu particular colorido, por

suas modalidades peculiares e pela intensidade, a ponto de marcar o início de um novo período na história da cultura e do pensamento.

A filosofia moderna, segundo Reale e Antiseri (2004), surgiu por meio da crítica feita por Descartes. Segundo os autores, a declaração de Leibniz de que Descartes tenha inaugurado um novo período na história da filosofia consiste em um

> juízo ponderado de um grande filósofo sobre outro grande filósofo, que dá a medida exata da personalidade de Descartes, com toda razão chamado precisamente de **pai da filosofia moderna**. Com efeito, ele assinalou uma reviravolta radical no campo do pensamento pela crítica a que submeteu a herança cultural, filosófica e científica da tradição e pelos novos princípios sobre os quais edificou um tipo de saber, não mais centrado no ser ou em Deus, mas no homem e na racionalidade humana. (Reale; Antiseri, 2004, p. 283, grifo do original)

O padre Leonel Franca (2020, p. 189), ao discorrer sobre a filosofia moderna, afirmou que sua característica mais evidente foi a "independência excessiva de qualquer autoridade, o menosprezo completo da tradição científica". Segundo ele, a filosofia moderna foi inaugurada por Descartes, "pouco depois que a reforma protestante proclamara o livre exame e a autonomia absoluta em matéria religiosa, num tempo em que os ataques da Renascença haviam desprestigiado as teorias tradicionais". Ela, segundo o padre, "rompeu definitivamente com o passado" (Franca, 2020, p. 189).

A filosofia moderna, como período e modalidade filosófica específicos, caracterizou-se por sua separação completa em relação à filosofia medieval escolástica, por sua aversão à teologia, pelo uso do grego em vez do latim e pela "multiplicação extraordinária dos centros de cultura, com a quebra da unidade doutrinal" (Franca, 2020, p. 189).

4.2
Renascença

É impossível compreendermos a filosofia moderna sem compreender a influência da Renascença no seu surgimento. Nicola Abbagnano, no quinto volume de seu livro *História da filosofia* (1970b, p. 9), rechaça toda tentativa de acusar o movimento renascentista de ser essencialmente antirreligioso. Segundo ele, no início, os principais pensadores renascentistas dedicaram-se a temas religiosos e seus escritos são repletos de menções à religião, num tom ameno e até favorável.

Para Abbagnano (1970b, p. 9), muito mais do que um movimento antirreligioso, a Renascença representou uma mudança de perspectiva em relação à autonomia humana:

> Escritores, historiadores, moralistas e políticos, todos estão de acordo em que se teria verificado na Itália, a partir da segunda metade do século XIV, uma mudança radical na atitude dos homens perante o mundo e a vida. Convencidos como estão do início de uma época nova, constituindo uma ruptura radical com o mundo medieval, procuram explicar a si mesmos o significado dessa mudança. Esse significado, atribuem-no então à renascença de um espírito que já fora próprio do homem na época clássica e se perdera durante a Idade Média: um espírito de liberdade, pelo qual o homem reivindica a sua autonomia de ser racional e se reconhece como intimamente ligado à natureza e à história, apresentando-se resolvido a fazer de ambas o seu reino.

Segundo Abbagnano (1970b), nesse período, descobriu-se a historicidade do mundo humano, o valor do homem e sua natureza mundana e ainda a necessidade da tolerância religiosa.

> O humanismo renascentista não consiste apenas no amor e no estudo da sabedoria clássica e na demonstração da sua concordância fundamental com a verdade cristã, mas sim e antes de mais na vontade de reconstruir uma tal sabedoria na sua forma autêntica, procurando

compreendê-la na sua realidade histórica efetiva. (Abbagnano, 1970b, p. 12)

A Renascença, segundo Abbagnano (1970b, p. 21-22), foi uma renovação, que não consistia "numa transcendência dos limites da natureza humana, numa existência de pura e exclusiva ligação com Deus, mas sim numa verdadeira renovação do homem na sua capacidade e nas suas relações com os outros homens, com o mundo e com Deus".

De acordo com Abbagnano (1970b, p. 22), essa renovação

> não é o nascimento para uma vida diferente e super-humana, mas sim o nascimento para uma vida verdadeiramente humana porque baseada naquilo que o homem tem de mais seu: as artes, a instrução e a investigação, que fazem dele um ser diferente de todos os outros que existem na natureza e o tornam na verdade semelhante a Deus, restituindo-o assim à condição de que decaíra. O significado religioso de renascença identifica-se com o mundano: o fim último da renascença é o próprio homem.

A Renascença e a modernidade, mesmo que não se possa afirmar que tenha sido intencional, mudaram o eixo das especulações e pesquisas filosóficas do teocentrismo medieval para o antropocentrismo moderno. Abbagnano (1970b) realça as contribuições de Dante de Alighieri, Lourenço Valla, Nicolau de Cusa, Pico de Mirândola e Miguel de Montaigne nesse sentido.

O poeta italiano Dante de Alighieri (1265-1321) escreveu *A divina comédia*, uma obra satírica que reflete sua paixão por Beatriz de Folco Portinari. Com mais de 14 mil decassílabos, Dante deixa-se ser conduzido por Virgílio a uma prazerosa e surpreendente viagem da terra ao Paraíso, passando pelo Inferno e pelo Purgatório. A obra foi iniciada em 1308 e finalizada somente próximo da morte de Dante, em 1321(Abbagnano, 1970b).

De acordo com Abbagnano (1970b, p. 30):

A viagem transmundana de Dante é a de um homem vivo que deve regressar para junto dos vivos e aí revelar a sua visão. É precisamente da revelação da sua visão e por conseguinte da participação na mesma de todos os homens de boa vontade, os quais poderão, servindo-se do magistério artístico do poeta, refazer com ele a viagem e com ele se renovar, que Dante espera a renascença do mundo seu contemporâneo.

De acordo com Abbagnano (1970b, p. 42), Lourenço Valla (1407-1457), outro nome expressivo desse período, defendia um epicurismo mais refinado:

A sua obra mais famosa é o *De voluptate*, um diálogo em três partes, no qual se defende a tese de que o prazer é o único bem para o homem e se apresenta uma concepção optimista da natureza, que contrasta não só com o estoicismo ao qual aparece polemicamente oposta, mas até mesmo com o ascetismo cristão. O prazer é, segundo Valla, o único fim de toda a atividade humana. As leis que governam as cidades foram elaboradas com um propósito de utilidade, a qual gera o prazer, e todos os governos visam o mesmo fim.

Abbagnano (1970b) também cita Nicolau de Cusa (1401-1464), que conseguiu renovar a apreciação dos mestres renascentistas em relação ao platonismo. Abbagnano (1970b, p. 112-113) explica que:

O ponto de partida de Nicolau de Cusa consiste numa determinação precisa da natureza do conhecimento, o qual, é por ele modelado segundo o conhecimento matemático. A possibilidade do conhecimento reside na proporção entre o conhecido e o desconhecido. Só em relação ao já conhecido é que pode avaliar o ainda desconhecido, isso só será, porém possível se o ainda desconhecido possuir uma certa proporcionalidade (quer dizer, homogeneidade ou conveniência) relativamente ao já conhecido.

Outro autor citado por Abbagnano (1970b) é João Pico, conde de Mirândola (1463-1494), um filósofo eclético. Em seus pensamentos, segundo Abbagnano (1970b, p. 144), mesclam-se "os mais diversos elementos, derivados do platonismo e do aristotelismo, da cabala e da magia, e ainda da escolástica medieval, árabe, hebraica e latina, sem chegarem a fundir-se numa unidade especulativa original".

Segundo Abbagnano (1970b), sua mais importante tese foi *Oratio de dignitate hominis* (Discurso sobre a Dignidade Humana). Abbagnano (1970b, p. 142) considera que:

> O ponto de partida do discurso é a superioridade do homem sobre as restantes criaturas, que era o tema favorito dos humanistas bem como de Nicolau de Cusa e de Ficino. Ao homem, último produto da criação, não ficara disponível nenhum dos bens já distribuídos na totalidade às outras criaturas. Deus decretou então que lhe fosse comum tudo o que individualmente destinara às outras.

Já Pico de Mirândola, segundo Abbagnano (1970b, p. 142), declara sua fé na superioridade humana transcrevendo, a seu modo, o diálogo divino com o primeiro homem:

> A natureza limitada dos outros está contida nas leis por mim prescritas. Determinarás a tua, livre de qualquer obstáculo e segundo o teu arbítrio a cujo poder te confiei. Coloquei-te no centro do mundo para que daí pudesses avistar melhor tudo quanto há no mundo. Não te fiz nem celestial nem terreno, nem mortal nem imortal, para que, sendo de ti próprio o quase livre o soberano artífice, te moldasses e esculpisses na forma da tua preferência. Poderás degenerar nas coisas inferiores, poderás, segundo a tua vontade, regenerar-te nas coisas superiores que são divinas. (Or. de hom. dign., fis. 131 v.)

Abbagnano (1970b, p. 59) cita também Miguel de Montaigne (1533-1592), que defendia um regresso do homem a si mesmo, ou seja, uma redescoberta das experiências humanas, um "olhar continuamente virado para si próprio, a meditação interior já não religiosa, mas laica e filosófica".

Aos poucos, o foco do interesse filosófico migrou do teológico para o antropológico. O teocentrismo medieval foi, paulatinamente, sendo substituído por um antropocentrismo, inicialmente, com feição religiosa e, posteriormente, com críticas à religião instituída.

4.3
Iluminismo

Além da Renascença, outro período histórico importante na Era Moderna foi o Iluminismo. Nicola Abbagnano (2007, p. 534-535, grifo do original) define o termo da seguinte forma:

> Linha filosófica caracterizada pelo empenho em estender a razão como crítica e guia a todos os campos da experiência humana. Nesse sentido, Kant escreveu: "O Iluminismo é a saída dos homens do estado de **minoridade** devido a eles mesmos. **Minoridade** é a incapacidade de utilizar o próprio intelecto sem a orientação de outro. Essa minoridade será devida a eles mesmos se não for causada por deficiência intelectual, mas por falta de decisão e coragem para utilizar o intelecto como guia. 'Sapere aude! Tem coragem de usar teu intelecto!' é o lema do Iluminismo".

Segundo Abbagnano (2007, p. 535), o Iluminismo foi pautado por três compromissos fundamentais:

1) extensão da crítica a toda e qualquer crença e conhecimento, sem exceção; 2) realização de um conhecimento que, por estar aberto à crítica, inclua e organize os instrumentos para sua própria correção; 3) uso efetivo, em todos os campos, do conhecimento assim atingido, com o fim de melhorar a vida privada e social dos homens.

O que caracterizou o movimento iluminista foi seu "empenho em estender a razão como crítica e guia a todos os campos da experiência humana" (Abbagnano, 2007, p. 534) e uma "crítica racional aos poderes cognoscitivos" (Abbagnano, 2007, p. 535).

O Iluminismo, segundo Abbagnano (2007, p. 535), estendeu "ao domínio da religião e da política a investigação racional" e defendeu a tolerância religiosa e a liberdade política. Para os iluministas, conforme Abbagnano (2007, p. 535), a razão é "a força a que se deve fazer apelo para a transformação do mundo humano, para encaminhar este mundo para a felicidade e a liberdade, libertando-o da servidão e dos preconceitos". A razão faz contraposição à tradição "que apresenta como verdadeiros os erros e os preconceitos e justos os privilégios e as injustiças, que têm as suas raízes no longínquo passado" (Abbagnano, 2007, p. 535).

> O iluminismo é, pois, essencialmente, ou constitucionalmente, antitradicionalismo: é a recusa em aceitar a autoridade da tradição e em lhe reconhecer qualquer valor; é o empenho em levar perante o tribunal da razão toda a crença ou pretensão, para que seja julgada, ou rejeitada se se provar ser contrária à razão. (Abbagnano, 1970d, p. 181-182)

O Iluminismo é essencialmente uma crítica da tradição. Essa crítica da tradição é, segundo Abbagnano (1970d, p. 182):

> em primeiro lugar, uma crítica da revelação religiosa, da qual se faz o princípio e a justificação da tradição religiosa; e à religião revelada os iluministas contrapõem, quando não se voltam para o ateísmo ou o materialismo, a religião natural, que é a religião reconduzida (como dirá Kant) "aos limites da razão".

Em sua obra *Perspectivas da teologia protestante nos séculos XIX e XX*, o teólogo alemão Paul Tillich (1886-1965) faz uma exposição sobre o Iluminismo e seus problemas. Segundo Tillich (2004), o Iluminismo possui alguns princípios fundamentais que são: 1) autonomia da razão humana – princípio que, segundo Kant, poderia ser usado por qualquer pessoa; 2) valorização da natureza – por *natureza* devemos entender aquilo que não partilha da noção antinatural ou sobrenatural. Não se nega a existência das noções opostas, mas valoriza-se aquilo que é natural ao ser humano; 3) harmonia paradoxal – uma noção de que tudo está conectado entre si e permanece harmonicamente ordenado, ainda que, aparentemente, não seja isso que percebamos.

O Iluminismo, segundo Tillich (2004, p. 73-86), foi um movimento burguês porque os iluministas, assim como os burgueses, "queriam analisar e transformar a realidade para controlá-la". Eles tinham por ideal a criação de uma religião dentro dos limites da razão, proposta originária de Voltaire. Os iluministas adotaram para si a moralidade do senso comum. Embora muitos deles adotassem, para si, uma crença irredutível no progresso humano, havia também alguns que tinham uma visão pessimista quanto a esse ideal (Tillich, 2004).

O Iluminismo representou uma renovação intelectual, cultural e científica que sintetizou tudo o que fora proposto pela Renascença, pelo racionalismo de Descartes e Hume, pelo empirismo de John Locke e pelo criticismo de Immanuel Kant.

4.4
Racionalismo

O racionalismo, segundo Champlin e Bentes (1995b, p. 544), é "a crença de que é possível o homem obter a verdade contando unicamente com a razão, ou, pelo menos, principalmente por meio da razão, ainda que com a ajuda de outros métodos". Segundo os autores, os principais defensores do racionalismo moderno foram Descartes, Spinoza e Leibnitz. O racionalismo, em geral, crê que todas as coisas "podem ser explicadas por meio da razão", e que todas as verdades "podem ser organizadas formando um único sistema" (Champlin; Bentes, 1995, p. 544). O racionalismo parte de pressupostos céticos e põe em questão crenças religiosas e qualquer outro tipo de afirmação que não seja racionalmente verificável.

René Descartes tem sido apontado como o Pai da Modernidade filosófica. Descartes nasceu em La Have, na Turena, em 1596. Estudou com os jesuítas de La Fleche e, aos 19 anos, mudou-se para Paris. De 1617 a 1629, peregrinou por quase toda a Europa. Foi soldado sob a bandeira do duque de Nassau e, mais tarde, do duque da Baviera. Depois disso, retirou-se para a Holanda, onde permaneceu por 20 anos. Nesse período, dedicou-se às suas famosas *Meditações*. Em 1649, à convite da rainha Cristina, da Suécia, partiu para Estocolmo, mas, no ano seguinte, faleceu, com 54 anos (Franca, 2020).

Com uma vasta produção de literatura filosófica, destacamos apenas as obras mais conhecidas, com base nas considerações de Reale e Antiseri (2004, p. 285-286) sobre elas: *O discurso do método* (1633-1637) foi sua obra mais polêmica e "tornou-se a 'magna carta' da nova filosofia"; *Meditações metafísicas* (1641) visava "demonstrar a pobreza e a inconsistência das concepções filosóficas e teológicas" do teólogo protestante Gisbert Voet; *Princípios de filosofia*, composta em quatro volumes, era "uma exposição compilada e sistemática de sua filosofia e de sua física, com particular destaque para os vínculos entre filosofia e ciência"; e *As paixões da alma*, seu último escrito, que versa a respeito das "relações entre alma e corpo, do problema moral e do livre-arbítrio".

Chaui (1997, p. 116, grifo do original) afirma que Descartes criou um procedimento singular ao qual ela denomina "dúvida metódica" e, nesse procedimento,

> o sujeito do conhecimento, analisando cada um de seus conhecimentos, conhece e avalia as fontes e as causas de cada um, a forma e o conteúdo de cada um, a falsidade e a verdade de cada um e encontra meios para livrar-se de tudo quanto seja duvidoso perante o pensamento. Ao mesmo tempo, o pensamento oferece ao espírito um conjunto de regras que deverão ser obedecidas para que um conhecimento seja considerado verdadeiro.

Chaui (1997, p. 116) afirma que o pressuposto básico de Descartes é que o "o conhecimento sensível (isto é, sensação, percepção, imaginação, memória e linguagem) é a causa do erro e deve ser afastado". Dessa forma, Descartes insurge-se contra a possibilidade de obter-se um conhecimento seguro com base no que procede do mundo sensível. Para ele, segundo Chaui (1997, p. 116), "o conhecimento verdadeiro é puramente intelectual, parte das ideias inatas e controla (por meio de regras) as investigações filosóficas, científicas e técnicas".

Em *Meditações metafísicas*, Descartes (2005, p. 42-43) usou a dúvida metodológica e chegou a uma conclusão que, a seu ver, era indubitável:

> Não há, pois, dúvida alguma de que sou, se ele me engana; e, por mais que me engane, não poderá jamais fazer com que eu nada seja, enquanto eu pensar ser alguma coisa. De sorte que, após ter pensado bastante nisso e de ter examinado cuidadosamente todas as coisas, cumpre enfim concluir e ter por constante que essa proposição, eu sou, eu existo, é necessariamente verdadeira todas as vezes que a enuncio ou que a concebe em meu espírito. (Meditações II, parágrafo 4)

Reale e Antiseri, (2004, p. 288) explicam que *Discurso do método* propôs quatro regras fundamentais:

> 1) a **evidência** racional, que se alcança mediante um **ato intuitivo** que se autofundamenta; 2) a **análise**, uma vez que para a intuição é necessária a simplicidade, que se alcança mediante a decomposição do complexo em partes elementares; 3) a **síntese**, que deve partir de elementos absolutos ou não dependentes de outros, e proceder em direção aos elementos relativos ou dependentes, dando lugar a uma cadeia de nexos coerentes; 4) o **controle**, efetuado mediante a enumeração completa dos elementos analisados e a revisão das operações sintéticas. Em suma, para proceder com retidão em qualquer pesquisa, é preciso repetir o movimento de simplificação e rigorosa concatenação, típico do procedimento geométrico.

Segundo Geisler (1989, p. 73):

Descartes estava procurando um ponto arquimediano que fosse absolutamente certo ou indubitável. A partir dali, esperava derivar todo o conhecimento. A ferramenta que Descartes empregou para chegar a este ponto foi a dúvida metodológica, ou o ceticismo. Procurava aplicar essa dúvida a toda crença que tinha. Se uma crença pudesse ser duvidada, então, não qualificava como seu ponto arquimediano. Desde sua juventude Descartes detectou que muitas das suas crenças que antes acreditava serem verídicas revelaram-se falsas na realidade.

No método cartesiano (de Descartes), o ponto de partida foi uma noção cética "de que os sentidos podem ocasionalmente nos enganar", passando a afirmar "que não é possível confiar neles, pois sempre estariam a nos pregar peças" (Martins Filho, 2010, p. 50). Descartes, com base nessas proposições, deu à filosofia "o mesmo rigor científico da Matemática", considerando que, para "chegar a ideias claras e distintas sobre todas as realidades existentes, [...] os sentidos não podem nos dar a certeza do conhecimento que eles produzem" (Martins Filho, 2010, p. 50). Ao fazer isso, ele colocou em dúvida tudo o que fora dito outrora.

Para Descartes, como esclarece Martins Filho (2010, p. 50), "o meio de se conhecer o que realmente existe seria a dúvida metódica, ou seja, institui a dúvida como método filosófico". Por meio da dúvida metódica, ele foi "renegando todas as coisas, como não passíveis de serem conhecidas com certeza, até chegar à única coisa da qual poderia ter certeza, ou seja, o fato de estar duvidando de tudo" (Martins Filho, 2010, p. 50). Porém, algo não pode ser colocado em dúvida, a saber, sua própria existência como ser que duvida e pensa.

Martins Filho (2010, p. 50) assim explica o método de Descartes:

> Daí sua célebre afirmação: *"penso, logo existo"*. Essa seria a premissa fundamental, a partir da qual tentaria deduzir toda a realidade. Sua atitude é de desprezo por todo o conhecimento anterior, colocando

o início de toda a filosofia na própria reflexão. Para Descartes, o conhecimento seria, na verdade, o autoconhecimento (coloca-se na posição de Deus, que é o único Ser que conhece todas as coisas em Si mesmo, ao se conhecer). Como é impossível deduzir tudo a partir da razão e como ele nunca chegou a isso, admitia uma moral provisória, coincidente com os costumes do lugar e do tempo em que vivia, enquanto não conseguia demonstrar quais seriam os preceitos que efetivamente regulariam a vida humana.

Hunnex (2003, p. 96) afirma que Descartes produziu uma verdadeira revolução intelectual que "permitiu o surgimento da moderna revolução científica". Ainda segundo Hunnex (2003, p. 96), ao conceber o mundo como "uma vasta ordem matemática que podia ser descoberta pela razão disciplinada pelo método da dúvida", ele "permitiu que a nova ciência empreendesse a sua investigação do mecanismo de um mundo material ordeiro desvinculada da intervenção arbitrária de um Deus providencial ou das irregularidades imprevisíveis da natureza".

Depois da publicação do *Discurso do método*, o pensamento filosófico sofreu sensível redirecionamento. Depois dele, somente se poderia valer-se do método ou propor outro que fosse mais satisfatório. Os que se valeram da tese cartesiana reforçaram o racionalismo, os que a ela se opuseram enveredaram para o empirismo e o criticismo.

4.5
Empirismo

O termo *empirismo* deriva do grego *empiria*, que significa "experiência". Segundo Hunnex (2003), essa corrente filosófica diverge, em grande medida, do racionalismo. Se, para o racionalismo, "algumas ideias ou conceitos são independentes da experiência" e alguma "verdade é conhecida somente pela razão", no empirismo "todas as ideias e conceitos derivam da experiência e [...] a verdade deve ser estabelecida somente em relação com a experiência" (Hunnex, 2003, p. 13-14).

O empirismo nega que haja mesmo algum tipo de conhecimento *a priori*. Todo conhecimento seria, por conseguinte, *a posteriori*. Enquanto o racionalismo "inclui no conhecimento genuíno as afirmações necessárias sintéticas", o empirismo "limita o conhecimento genuíno às afirmações empíricas" (Hunnex, 2003, p. 14). Para os adeptos do empirismo, só são válidas as "afirmações necessárias analíticas" ou, ainda, as que sejam "empíricas sintéticas" (Hunnex, 2003, p. 13-14).

Afirmações "necessárias analíticas, ou as leis da lógica e da matemática, derivam de regras arbitrárias de uso, definições e coisas do gênero e, portanto, nada revelam sobre a realidade" (Hunnex, 2003, p. 14).

Embora o nome comumente associado ao empirismo seja o de John Locke, o empirismo já estava presente nos escritos de outros filósofos anteriores a ele. Alguma noção de empirismo podemos encontrar na ruptura que Aristóteles promove em relação à tradição intelectualista de Sócrates e Platão.

Abbagnano (1970a) esclarece que o filósofo medieval Guilherme de Occam (1285-1347) defendia que a substância só é conhecida por meio de seus acidentes. Não conhecemos o fogo, conhecemos o calor que é o acidente do fogo. Isso ocorre porque "o ser que subsiste por si não existe em outrem" (Abbagnano, 1970a, p. 187).

Como explica Abbagnano (1970a, p. 187):

> Portanto, não é senão o substrato desconhecido das qualidades que a experiência revela (In Sent., 1, d. 3, q. 2). Tão pouco possui validade empírica o outro conceito metafísico fundamental, a causa. Do conhecimento de um fenômeno não se pode nunca chegar ao conhecimento dum outro fenômeno que seja a causa ou o efeito do primeiro; já que de nada se tem conhecimento senão através dum ato de experiência, e

causa e efeito são duas coisas diferentes, embora conexas, que exigem, para ser conhecidas, dois atos de experiência diferentes.

Abbagnano (1970b, p. 254) afirma que, depois de Occam, o filósofo italiano Bernardino Telésio (1509-1588) defendeu um tipo de empirismo baseado no raciocínio que, "na medida em que o homem é parte ou elemento da natureza, a natureza revela-se ao homem e o conhecimento humano é garantido na sua validade". Para ele, todo o conhecimento reduz-se à sensibilidade. Abbagnano (1970b, p. 254) explica que o conhecimento, segundo Telésio, só é possível porque, por meio da sensibilidade, "o homem se fisga à natureza e por ela é, ele próprio natureza".

O filósofo humanista francês Miguel de Montaigne também já demonstrava simpatia pelo empirismo. Inicialmente adepto do ceticismo, Montaigne aderiu ao pensamento empirista. Abbagnano (1970b, p. 60) esclarece que, para Montaigne:

> A ciência começa e resolve-se nos sentidos. Não seríamos mais do que pedras se não soubéssemos o que são o som, o cheiro, a luz, o sabor, a medida, o peso, a moleza, a dureza a aspereza, a cor, a lisura, a largueza e a profundidade. São estas as raízes e os princípios de todo o edifício da nossa ciência. O privilégio dos sentidos é o de constituírem o extremo limite da nossa experiência; nada há para além deles que nos possa servir para os descobrirmos e nenhum sentido pode descobrir outro.

Tanto o empirismo como o racionalismo apresentam dificuldades em relação à falibilidade do conhecimento. Por um lado, para que o racionalismo esteja absolutamente correto, é necessário afirmar e confirmar que todas as evidências necessárias sintéticas são absolutamente confiáveis e infalíveis. Por outro lado, para que o empirismo esteja absolutamente correto, é necessário que todas as evidências empíricas sintéticas sejam confiáveis e igualmente infalíveis.

O mesmo ardor presente nos escritos de Descartes em sua defesa do racionalismo vemos nos escritos de Jonh Locke em defesa do empirismo. Locke não desprezava a razão, somente não a colocava em tão grande conta como fizera Descartes.

John Locke nasceu em 1632 e estudou Medicina e Filosofia em Oxford. Foi médico e instrutor do conde de Shaftesbury. Viveu um tempo na Holanda com Guilherme de Orange e voltou à Inglaterra, onde ocupou vários cargos políticos. Locke faleceu em 1704 com 73 anos (Franca, 2020).

Locke publicou suas obras principais entre os anos de 1689 e 1690, quando retornou à Inglaterra, depois da vitória do parlamento inglês na Revolução Gloriosa. Nesses anos, ele publicou sua *Carta sobre a tolerância*, os *Dois tratados sobre o governo civil* e o *Ensaio sobre o entendimento humano* (Locke, 1999)

Locke não abandonou a noção cartesiana de ideia, mas rompeu com a noção de que possamos ter alguma ideia que não proceda da experiência. Em seu *Ensaio acerca do entendimento humano* (1999), ele refuta o inatismo de Descartes. Locke ocupa-se, incialmente, em demolir a ideia de que haja algo inato na mente humana e, em seguida, defende a existência das ideias e busca provar que elas originam-se da experiência. Para ele, todas as ideias procedem da sensação ou da reflexão:

> Suponhamos, pois, que a mente é, como dissemos um papel em branco, desprovida de todos os caracteres, sem nenhuma ideia; como ele será suprida? De onde lhe provém esse vasto estoque, que a ativa, e ilimitada fantasia do homem pintou nela com uma variedade quase infinita? De onde aprende todos os materiais da razão e do conhecimento? A isso respondo, numa palavra, da experiência. Todo o nosso conhecimento está nela fundado, e dela deriva fundamentalmente o próprio conhecimento. Empregada tanto nos objetos sensíveis externos como nas operações internas de nossas mentes, que são por nós mesmos percebidas e refletidas, nossa observação supre nossos

entendimentos com todos os materiais do pensamento. Destas duas fontes de conhecimento jorram todas as nossas ideias, ou as que possivelmente teremos. (Locke, 1999, p. 57)

Os empiristas reduziram todo o conhecimento possível ao conhecimento sensível: a experiência seria o limite intransponível do conhecimento; a ideia seria igual à sensação.

Locke apontou que o erro principal de Descartes era a noção de ideias inatas na mente humana. Para Locke, todo ser humano nasce com sua mente como uma folha de papel em branco, na qual se vão registrando as ideias, derivadas das sensações. Assim procedendo, entretanto, ele reduziu o conhecimento racional à atividade do sentido comum, um dos sentidos internos, que conjuga os dados recebidos pelos vários sentidos externos, formando uma imagem única.

Outro grande defensor do empirismo foi David Hume (1711-1776), que nasceu na Escócia em 1711, estudou jurisprudência e filosofia. Depois de algum tempo na França, voltou à Inglaterra e foi nomeado bibliotecário da Universidade de Edimburgo. Nos anos finais de sua vida, dedicou-se às investigações históricas. Hume morreu em 1776 (Franca, 2020).

Hume foi além de John Locke e negou o princípio da causalidade. Para ele, se as ideias são apenas impressões que captamos pelos sentidos, a relação entre elas é apenas mental e não real. Assim, não é que um objeto interfira em outro e provoque um fenômeno, mas o que acontece é que fazemos associações de fenômenos que ocorrem sequencialmente em nossa cabeça, como se um fosse "causa" do outro (Martins Filho, 2010).

Hume, portanto, ao aprofundar-se na linha empirista e perceber as suas incongruências, buscou superá-las e chegou a conclusões que se afastaram ainda mais de uma concepção realista do mundo. Admitidas as suas teorias, seria impossível qualquer ciência, pois conhecer é ter ciência das causas que explicam um fenômeno. A ciência, para Hume, não passaria de uma coleção desarticulada de impressões (recordações que as diferentes sensações deixaram) (Martins Filho, 2010).

O empirismo reagiu ao racionalismo e estabeleceu-se como uma vertente importante da epistemologia. Se a o racionalismo primava pelo conhecimento *a priori*, o empirismo primou pelo conhecimento *a posteriori*. É no embate entre essas duas formas de conhecermos a realidade que surgiu o criticismo.

4.6
Criticismo

Segundo Abbagnano (2007, p. 224), como movimento filosófico, o criticismo, uma doutrina defendida em especial por Immanuel Kant, propõe, em primeiro lugar, uma formulação crítica do problema filosófico, ou seja, "uma condenação da metafísica como esfera de problemas que estão além das possibilidades da razão humana".

Em segundo lugar, propõe uma determinação da tarefa da filosofia "como reflexão sobre a ciência e, em geral, sobre as atividades humanas, a fim de determinar as condições que garantem (e limitam) a validade da ciência e, em geral, das atividades humanas" (Abbagnano, 2007, p. 224).

Em terceiro lugar, propõe uma distinção fundamental "no domínio do conhecimento, entre os problemas relativos à origem e ao desenvolvimento do conhecimento no homem e o problema da validade do próprio conhecimento" (Abbagnano, 2007, p. 224).

Immanuel Kant nasceu em 1724, em Konigsberg. Estudou com o filósofo Martin Knutzen por nove anos e, em 1755, ingressou na universidade, formando-se em 1770. Atuou na cátedra de filosofia até 1797 e morreu em 1804 (Franca, 2020).

Kant seguiu a mesma linha de raciocínio de Descartes ao sustentar que não conhecemos as coisas como elas são, mas apenas sua aparência, as impressões que delas obtemos. As coisas (o *noumeno*) não são objeto de conhecimento, apenas suas impressões (fenômenos). A realidade objetiva é inalcançável pela mente humana e a essência dela não pode ser captada pelos sentidos. Segundo Martins Filho (2010, p. 74), em sua *Crítica da razão pura*, Kant estabelece as condições subjetivas do conhecimento humano. Para ele, todo conhecimento é gerado pelo ser cognoscente, e não como resultado de uma adequação ao objeto conhecido.

O dualismo kantiano, exposto no parágrafo anterior, segundo Hunnex (2003, p. 98), "foi um dos grandes momentos de transição da filosofia moderna, seguindo a revolução cartesiana", e mudou drasticamente o dualismo cartesiano ao "retornar à distinção platônica entre um mundo de fenômenos e um mundo *numenoso* da realidade". O dualismo platônico influenciou o pensamento de Bergson, "que se tornou um dos grandes dualistas metafísicos do século XX" (Hunnex, 2003, p. 98).

Kant e sua escola crítica praticamente fecham o período moderno, dando início ao período contemporâneo da filosofia. Os pensadores que vieram depois de Kant reagiram a seus escritos, uns concordando, outros reformulando seus conceitos, e muitos opondo-se plenamente às suas conclusões.

4.7
Caminhos para a interpretação de textos filosóficos modernos

Vejamos um pequeno trecho do Capítulo I, "Não há princípios inatos na mente", da obra filosófica *Ensaio acerca do entendimento humano*, produzida pelo empirista John Locke:

1. A maneira pela qual adquirimos qualquer conhecimento constitui suficiente prova de que não é inato. Consiste numa opinião estabelecida entre alguns homens que o entendimento comporta certos **princípios inatos**, certas noções primárias, *koinai énoiai*, caracteres, os quais estariam estampados na mente do homem, cuja alma os recebera em seu ser primordial e os transportara consigo ao mundo. Seria suficiente para convencer os leitores sem preconceito da falsidade desta hipótese se pudesse apenas mostrar (o que espero fazer nas outras partes deste tratado) como os homens, simplesmente pelo uso de suas faculdades naturais, podem adquirir todo conhecimento que possuem sem a ajuda de impressões inatas e podem alcançar a certeza sem nenhuma destas noções ou princípios originais. 2. **O assentimento geral consiste no argumento mais importante.** Não há nada mais ordinariamente admitido do que a existência de certos **princípios**, tanto **especulativos** como **práticos** (pois referem-se aos dois), com os quais concordam universalmente todos os homens. A vista disso, argumentam que devem ser uniformes as impressões recebidas pelas almas dos homens em seus seres primordiais, que, transportadas por eles ao mundo, mostram-se tão necessárias e reais como o são quaisquer de suas faculdades inatas. 3. **O acordo universal não prova o inatismo.** O argumento derivado do acordo universal comporta o seguinte inconveniente: se for verdadeiro que existem certas verdades devido ao acordo entre todos os homens, isto deixará de ser uma prova de que são inatas, se houver outro meio qualquer para mostrar como os homens chegam a uma concordância universal acerca das coisas merecedoras de sua anuência. Suponho que isso pode ser feito. (Locke, 1999, p. 37, grifo do original)

O trecho citado é a introdução do primeiro capítulo da obra. A seguir, vamos analisá-lo.

a. Análise textual

Quando publicou essa obra, Locke estava respondendo ao filósofo Ralph Cudworth (1617-1688), que, em sua obra *True intellectual system of the universe* (em português, *O verdadeiro sistema intelectual do universo*), havia defendido "que a demonstração da verdade da existência de Deus exige o pressuposto de que o homem possui ideias inatas, isto é, ideias que se encontram na alma desde o nascimento, e que, portanto, não derivam de qualquer experiência" (Locke, 1999, p. 9).

Locke opõe-se à tese de Cudworth e faz críticas a ela. O Livro I da referida obra de Locke, de onde o trecho citado foi extraído, destina-se a criticar o inatismo de Cudworth. O Livro II trata de provar "que as fontes de todo conhecimento são a experiência sensível e a reflexão" (Locke, 1999, p. 10).

b. Análise temática

No trecho inicial do primeiro capítulo, Locke apresenta uma crítica à noção cartesiana de que haja ideias inatas. A revolução cartesiana estava em franca expansão e já contava com algumas críticas e fervorosas defesas. Locke não partilha da mesma ideia de Descartes e acredita que seu erro principal seja, exatamente, a fonte de sua tese, ou seja, a noção de inatismo.

c. Análise interpretativa

Locke acredita que não há prova de que haja, na mente humana, algo que seja inato a ela. Para ele, isso é apenas uma opinião infundada de pensadores que acreditam ser impossível a mente adquirir conhecimento da realidade unicamente por meio das impressões obtidas do contato com ela. Ele está criticando os adeptos do sistema cartesiano.

Locke nega que haja uma necessidade de que, na mente humana, existam ideias primordiais que justificam o senso comum. Esse "acordo universal" não é prova suficiente da existência das supostas ideias inatas.

d. Problematização

Locke argumenta contra o inatismo cartesiano e julga que seus defensores são ingênuos ao defender uma tese unicamente com base numa opinião derivada da observação do senso comum. Com base no mesmo pressuposto, podemos chegar a uma conclusão totalmente diversa, ou seja, há um "acordo universal", e isso pode ser decorrente de outro fato que não o inatismo. Pode ser que todos os homens possuam noções fundamentais em função de todos eles virem ao mundo desprovidos de qualquer conhecimento prévio e tenham obtido o mesmo tipo de conhecimento pela via da experiência comum.

e. Análise reflexiva

Embora haja muita coerência na argumentação inicial de Locke contra o inatismo, a continuação de sua argumentação no decorrer da obra em questão distancia o leitor de uma posição mediana. Locke radicaliza ao propor que somente a experiência constitua-se uma fonte confiável de conhecimento. Platão já havia desconfiado da suficiência dos sentidos na percepção confiável da verdade. Embora Aristóteles tenha dado importância à experiência, não chegou ao extremo de ignorar a importância da mente e seus aparatos cognitivos na percepção da realidade.

Um rompimento pleno com a possibilidade de que o conhecimento seja, ao mesmo tempo, *a priori* e *a posteriori* pode implicar em dificuldades que o empirismo não conseguiu contornar. A própria capacidade de apreensão do mundo precisa ser objeto de investigação. Essa capacidade pressupõe que haja algo que possamos denominar "conhecimento *a priori*".

Síntese

Neste capítulo, examinamos o período moderno e vimos que houve uma mudança significativa na forma de estruturarmos o pensamento humano. A velha forma de raciocinar, segundo parâmetros rígidos da escolástica, foi substituída por metodologias que eram novas em muitos aspectos e, ao mesmo tempo, uma retomada de antigas questões filosóficas que remontam à filosofia clássica grega.

A Renascença fez surgir um novo modo de pensar, com renovado enfoque na antropologia. O humanismo que surgiu daí provocou reações adversas naqueles que se julgavam detentores da verdade sagrada e imutável. O iluminismo promoveu um enfoque humanista às reflexões filosóficas.

Vimos também que o racionalismo e o empirismo apresentaram-se como modelos ideais para a explicação da realidade e da melhor forma de compreender o propósito da vida humana.

Por fim, verificamos que o criticismo fez com que todas as reflexões filosóficas do passado fossem revisitadas e repensadas em termos atuais. Podemos concluir, assim, que a modernidade foi um período de intensos debates e maior liberdade de defesas de teorias filosóficas variadas. O surgimento da contemporaneidade foi consequência natural do desenvolvimento da modernidade em todo o seu vigor e variedade.

Atividades de autoavaliação

1. De acordo com Marilena Chaui (1997), três linhas de pensamento predominaram na Renascença. Assinale a alternativa que indica corretamente essas linhas de pensamento:

a) A humanidade como uma grande fraternidade, a valorização da liberdade e a valorização da tolerância religiosa.

b) A necessidade da religião como suporte à ciência, a emancipação da experiência sensível e a valorização de tradições e dogmas.

c) A ideia da natureza como um grande ser vivo, a valorização da vida ativa e o ideal do homem como artífice do seu destino.

d) A subversão da tradição religiosa, a valorização da ciência e o triunfo da razão sobre a tradição religiosa.

e) O triunfo da mentalidade religiosa sobre os dogmas filosóficos da Antiguidade grega.

2. Assinale a alternativa que indica corretamente o significado da modernidade como movimento intelectual:

a) As conquistas científica e técnica de toda a realidade por meio da explicação mecânica e matemática do universo.

b) A emancipação da razão e a supressão do platonismo medieval.

c) A vitória do aristotelismo sobre o nominalismo de Occam.

d) A derrocada do racionalismo ante o avanço do empirismo e do evolucionismo.

e) Um movimento de retorno aos fundamentos da fé judaico-cristã.

3. Assinale a alternativa que indica corretamente o que é o Iluminismo, segundo o filósofo Nicola Abbagnano (2007):

a) Uma linha filosófica que mescla todas as linhas filosófica existentes, mesmo que contraditórias.

b) Uma linha filosófica que valoriza o uso do idioma grego em detrimento do latim.

c) Uma linha filosófica que resgata o neoplatonismo e o atualiza em termos científicos.

d) Uma linha filosófica caracterizada pelo empenho em estender a razão como crítica e guia a todos os campos da experiência humana.

e) Reconhecimento da importância dos métodos socrático-platônico, aristotélico e tomista para a descoberta da verdade.

4. Assinale a alternativa que indica corretamente os princípios norteadores do Iluminismo, segundo a opinião de Paul Tillich (2004):

a) Aplicação do método científico indutivo, reconhecimento do empirismo como método e admissão da supremacia da razão humana.

b) Autonomia da razão humana, valorização da natureza e harmonia paradoxal.

c) Lógica aristotélica como método, valorização do racionalismo em detrimento ao empirismo e crítica às tradições religiosas.

d) Reconhecimento da democracia como governo ideal, valorização das relações humanas de reciprocidade, liberdade e tolerância religiosa.

e) Todas as alternativas anteriores estão corretas.

5. Descartes defendia o uso do método denominado *dúvida metódica*. Assinale a alternativa que indica corretamente no que consistia esse método:

a) Analisar tudo o que acreditar saber, avaliar as fontes e as causas, a forma e o conteúdo de cada pensamento e livrar-se de tudo que pareça ser duvidoso até chegar ao que não possa ser passível de dúvida.

b) Analisar as proposições filosóficas das linhas mais relevantes, compará-las com as linhas que se opuseram a elas e determinar um ponto de consenso entre elas.

c) Analisar cada proposição filosófica à luz da experiência do indivíduo em sociedade, buscar um consenso na comunidade e optar pela hipótese mais plausível e inclusiva.

d) Analisar as correntes filosófica mais recentes à luz das correntes mais antigas e contrapor ambas às ideologias em voga.

e) Começar afirmando uma tese, criticá-la e resumi-la para, posteriormente, compará-la com as teses correntes.

6. Assinale a alternativa que indica corretamente pressupostos empiristas:

a) A experiência só é válida quando a razão a direciona.

b) A experiência principia o conhecimento e é mediada pela revelação das Escrituras Sagradas.

c) A lógica fornece os meios necessários para identificarmos quais experiências são válidas e quais são ilusórias.

d) Existe somente o conhecimento sensível, ideia é o mesmo que sensação.

e) A experiência deve sempre validar o raciocínio lógico.

Atividades de aprendizagem

Questões para reflexão

1. O embate filosófico do racionalismo com o empirismo solicita-nos um parecer a favor de uma linha filosófica ou de outra. Parece que, aqui, emprega-se "o princípio do terceiro-excluído" de Aristóteles. Qual seu posicionamento em relação ao embate racionalista empirista? Quais complicações podem trazer para sua reflexão filosófica a adoção de uma ou de outra linha filosófica? Reflita sobre esses questionamentos e registre suas considerações em um texto escrito de até 20 linhas, compartilhando-o com seu grupo de estudo.

2. O criticismo como modo de reflexão filosófica estabelece que o conhecimento humano é sempre mediado e subjetivo. Se as coisas são assim, o que nos garante que aquilo que conhecemos tem sua devida contrapartida no objeto reconhecido por nossas percepções? Se as coisas somente se parecem com aquilo que acreditamos conhecer a respeito delas, como se estabelecem leis gerais que regem as ciências empíricas? Até que ponto podemos confiar em nossas percepções? Registre suas reflexões em um texto escrito de até 30 linhas e compartilhe-o com seu grupo de estudo.

Atividade aplicada: prática

1. Leia o Capítulo I do livro *Ensaio acerca do entendimento humano* de John Locke. Em seguida, com base nas estratégias de compreensão abordadas até este capítulo, elabore uma aula, destinada a alunos de um curso livre de filosofia, sobre como podemos aplicar o pensamento empirista de Locke a situações concretas de nossa vida cotidiana. Compartilhe sua paráfrase e a preparação da aula com seu grupo de estudo.

LOCKE, J. **Ensaio acerca do entendimento humano**. Tradução de Anoar Aiex. São Paulo: Nova Cultural, 1999. (Coleção Os Pensadores).

5

Textos de filosofia contemporânea

Neste capítulo, abordaremos os pensamentos que definiram os novos rumos da filosofia na Era Contemporânea. Depois da derrocada das utopias filosóficas dos séculos XVIII e XIX, o mundo viu-se imerso em conflitos catastróficos que moldaram a nova forma de pensarmos filosofia. Novas propostas filosóficas surgiram nesse período e representaram um rompimento definitivo com as antigas formas de pensar. Uma literatura mais sóbria, e até mesmo melancólica, delimitou a reflexão de mundo por parte dos filósofos contemporâneos.

A finalidade da existência humana e os valores morais de procedência judaico-cristã foram questionados e houve uma renovação do interesse sobre as formas de linguagem e os modos de percepção da mente humana.

Teorias foram formuladas e novas utopias surgiram, com nova roupagem e sob o nome de *ideologias*. O impacto dessas novas formas de pensar a existência humana e suas relações complexas deu origem a um mundo em constante mudanças.

5.1
Contextualização

A Era Contemporânea foi testemunha da derrocada de todo o otimismo do Iluminismo, do positivismo e da crença no avanço da humanidade pela propagação de novas ciências. Duas grandes guerras mundiais dilaceraram os grandes ideais da Era Moderna. Alguns pensadores desenvolveram formas realistas e até pessimistas de conceber o mundo e o homem em suas mais variadas relações. Nietzsche e Heidegger forneceram as bases de uma reflexão filosófica com feição existencialista.

Quem não optou pelo existencialismo viu no estruturalismo uma forma menos pessimista de ver a realidade. A Escola de Frankfurt deu uma guinada significativa para uma filosofia materialista nos moldes de Marx e Engels, com apelo à teoria crítica da sociedade. Alguns filósofos preferiram ver a filosofia sob o prisma da linguagem. Outros deram novo impulso ao que ficou conhecido como *filosofia da mente*. Chaui (1997) e Zizek (1966) interpretaram o que significa *ideologias* e explicaram as razões de elas encontrarem tanto espaço na reflexão filosófica do século XXI.

Devemos entender por *textos filosóficos contemporâneos* os produzidos pelos filósofos que viveram de meados do século XIX até os nossos dias.

Marilena Chaui, em sua obra *Convite à filosofia* (1997), dedica-se a delinear alguns aspectos da filosofia contemporânea. Segundo ela, a filosofia contemporânea tem se ocupado de questões tais como história e progresso, ciências e técnicas, utopias revolucionárias, a cultura e os povos, a finalidade da filosofia, a maioridade da razão e as relações de finito e infinito.

Chaui (1997) descreve que Hegel insistia em afirmar que somos seres históricos e que Comte desenvolveu uma teoria otimista de progresso humano. Novas ciências surgiram, como a sociologia e a psicologia. A Escola de Frankfurt trouxe novos desafios ao modo de pensarmos e agirmos. As guerras na Europa e os movimentos revolucionários, bem como os ideais totalitários, forneceram aos estudiosos farta matéria de reflexão e produção escrita. As questões culturais, raciais e de gênero com seus entrecruzamentos passaram a ocupar espaço na reflexão filosófica e literária (Chaui, 1997).

Chaui (1997, p. 51) relata que, por sugestão de Husserl e Quine, os filósofos passaram a "estudar a linguagem científica, a discutir os problemas lógicos das ciências e a mostrar os paradoxos e os limites do conhecimento científico". Os mais otimistas viram o século XX como o período da maioridade da razão. Duas guerras, todavia, frustraram seus argumentos a favor de uma tal maioridade. Os conceitos de eternidade, finitude e infinitude voltaram a aparecer nos escritos filosóficos contemporâneos. A antropologia com seus avanços e adequações culturais e religiosas contribui para o debate atual a respeito desses temas.

A respeito das mudanças sofridas pela filosofia na era contemporânea, Chaui (1997, p. 53) esclarece que:

> Também desapareceu uma imagem, que durou muitos séculos, na qual a Filosofia era representada como uma grande árvore frondosa, cujas raízes eram a metafísica e a teologia, cujo tronco era a lógica, cujos ramos principais eram a Filosofia da Natureza, a ética e a política e cujos galhos extremos eram as técnicas, as artes e as invenções. [...] Cada ciência, ao se desligar, levou consigo os conhecimentos práticos ou aplicados de seu campo de investigação, isto é, as artes e as técnicas a ele ligadas. [...] Outros campos de conhecimento e de ação abriram-se para a Filosofia, mas a ideia de uma totalidade de saberes que conteria em si todos os conhecimentos nunca mais reapareceu.

Ainda segundo Chaui (1997, p. 54), a contribuição de Immanuel Kant a essa mudança foi decisiva e, depois dele, "passou-se a considerar que a Filosofia, durante todos os séculos anteriores, tivera uma pretensão irrealizável".

Kant, segundo Chaui (1997, p. 54), também "negou que a razão humana tivesse tal poder de conhecimento e afirmou que só conhecemos as coisas tais como são organizadas pela estrutura interna e universal de nossa razão", sem, contudo, podermos saber "se tal organização corresponde ou não à organização em si da própria realidade".

Dessa forma, a filosofia tornou-se **teoria do conhecimento** e, como define Chaui (1997, p. 54), "uma teoria sobre a capacidade e a possibilidade humana de conhecer", tornando-se assim "apenas conhecimento do homem enquanto ser racional e moral".

Chaui (1997, p. 54, grifo do original) argumenta que a

> Filosofia reduziu-se, portanto, à teoria do conhecimento, à ética e à epistemologia. Como consequência dessa redução, os filósofos passaram a ter um interesse primordial pelo conhecimento das estruturas e formas de nossa consciência e também pelo seu modo de expressão, isto é, a linguagem. O interesse pela consciência reflexiva ou pelo sujeito do conhecimento deu surgimento a uma corrente filosófica conhecida como **fenomenologia**, iniciada pelo filósofo alemão Edmund Husserl. Já o interesse pelas formas e pelos modos de funcionamento da linguagem corresponde a uma corrente filosófica conhecida como **filosofia analítica** cujo início é atribuído ao filósofo austríaco Ludwig Wittgenstein.

No entanto, a filosofia reinventou-se e, nos últimos 70 anos, deu grande impulso à história da filosofia, à filosofia política e aprofundou as discussões sobre a filosofia da história. Atualmente, a filosofia explora campos novos e aprofunda os debates em torno de questões ontológico-metafísicas, lógica, epistemologia, teoria do conhecimento, ética, política, arte, estética, filosofia da linguagem e da mente.

Os filósofos contemporâneos têm lidado com questões novas que se apresentam como um desafio constante à filosofia. A sociedade, desde a Revolução Industrial, tem se reinventado numa velocidade nunca vista. A tecnologia acelerou ainda mais esse processo de construção e desconstrução de valores, paradigmas, modelos e sistemas. O que antes era sólido tem se tornado líquido, numa busca constante de adaptação às demandas de uma sociedade que vive como que dominada por uma síndrome de pensamentos acelerados.

É para uma sociedade líquida que o filósofo contemporâneo volta-se no intuito de entendê-la, estando à frente dela para poder antecipar-se ao que há de vir. Há um excesso de informações disponíveis e não faltam "intérpretes" que se denominam "*youtubers*", "*coachs*", verdadeiros gurus que orientam os seus seguidores, invariavelmente com conteúdo superficial, sem reflexão filosófica.

Nesse cenário, o filósofo pode concluir que não há nada a fazer ou, insurgindo-se contra a maré, expor os riscos de buscarmos instruções em fontes desprovidas de bases seguras, propor novas leituras de antigas questões que se apresentam em novas roupagens, agir intencionalmente para promover o amor à sabedoria. Para que isso aconteça, o filósofo deve sair de seu castelo de marfim e, por meio do ambiente acadêmico, embrenhar-se na vida da sociedade a fim de contribuir com a sabedoria que flui daqueles que foram e continuam sendo amantes da sabedoria.

Karl Jaspers, no último capítulo de seu livro *Introdução ao pensamento filosófico* (2011), aborda a temática **a filosofia e o mundo**. De que modo a filosofia insere-se no mundo, na sociedade, na vida pública, na política, nas artes, na cultura, na religião, enfim, nos mais variados âmbitos da vida humana? O mundo contemporâneo precisa mesmo de filosofia? Há muitos que reputam a filosofia a um capricho de intelectuais encastelados nas universidades, sem nada a dizer de concreto ao homem comum, que nunca pôs os pés nesses ambientes da intelectualidade.

Para defender a importância da filosofia, Jaspers (2011) salienta que a filosofia tem um papel de antever as questões relacionadas à vida humana, dirigindo-se ao indivíduo e, ao mesmo tempo, a todos os indivíduos contemplados numa coletividade. Diante de opositores, a filosofia não deve se intimidar, reforçando sempre seu compromisso com a verdade, única capaz de libertar o homem das amarras do engano. Segundo Jaspers (2011), o verdadeiro filósofo deve reconhecer que não tem respostas para todas as perguntas, mas que as busca diligentemente. Por fim, o filósofo deve estar ciente de que filosofar é dialogar e, dessa forma, dar continuidade ao diálogo iniciado há mais de 3000 anos.

5.2
Friedrich Nietzsche e Martin Heidegger

Dois nomes importantes da filosofia contemporânea são Friedrich Nietzsche e Martin Heidegger. Eles representam polos opostos e convergentes, uma vez que Heidegger interpreta Nietzsche, discordando em alguns pontos, reinterpretando outros e usando para si muitos conceitos extraídos da leitura que fez do filósofo niilista alemão.

Friedrich Nietzsche nasceu em Röcken em 15 de outubro de 1844. Estudou Filologia Clássica em Bonn e em Leipzig, sob a orientação de Friedrich Ritschl. Seu entusiasmo com a literatura clássica grega aumentou quando teve contato com as obras de Schopenhauer. Em 1869, aos 24 anos de idade, foi convidado a lecionar Filologia Clássica na universidade suíça de Basileia. Em Basileia, conheceu o músico Richard Wagner, com quem teve uma profunda amizade. Em 1872, publicou sua primeira obra, *O nascimento da tragédia*. No ano seguinte, publicou as famosas e controversas *Considerações intempestivas*.

Ao publicar a primeira parte de *Humano demasiadamente humano*, em 1878, Nietzsche já não era mais amigo de Richard Wagner e sua saúde estava bem debilitada. Em 1880, Nietzsche publicou a segunda parte de *Humano demasiadamente humano* e *O viajante e sua sombra*. Em 1881, publicou *Aurora* e, no ano seguinte, *A gaia ciência*. Em 1883, depois da decepção amorosa com sua pretensa discípula Lou Salomé, Nietzsche compôs seu poema filosófico *Assim falou Zaratustra*, obra publicada somente em 1891. Em 1885, publicou *Para além do bem e do mal* e, em 1887, *A genealogia da moral*, *O caso Wagner*, *O crepúsculo dos ídolos*, *O Anticristo* e *Ecce Homo*. Sua última obra, *Vontade poder*, ficou incompleta. Nietzsche morreu em 25 de agosto de 1900 (Abbagnano, 2003b).

Nietzsche defendeu a tese da necessidade do surgimento do *ubbermensch*, o super-homem (ou *homem supra-humano*). Em função de erros de tradução, muitos acreditaram que Nietzsche falava em termos de um super-homem, como uma espécie de homem dotado de superpoderes ou supercompetências e capacidades sobre-humanas de superação. Na verdade, Nietzsche estava propondo o novo homem, aquele que supera as amarras das propostas éticas limitantes (principalmente, a moral europeia de inspiração judaico-cristã), afirmando-se em sua plena vitalidade humana.

Esse Ubbermensch não equivale, como se propagou na ideologia nazista, ao homem superior que se impõe pela força e pela violência; ao contrário é aquele que vai além de sua própria condição e se supera, projetando-se para além de si mesmo ou, como Nietzsche afirmava ser o homem, "uma corda estendida entre o animal" e o Ubbermensch "uma corda sobre o abismo" (Nietzsche, 2009, p. 38).

O termo *ubbermensch* deve ser entendido em relação à superação, alguém que se eleva, que abandona sua velha forma de homem (como fazem a cigarra e a borboleta ao romper seus casulos). Não se trata de superar o outro, mas, sim, de superar-se. Para isso, o homem precisa abandonar os velhos ídolos e tornar-se um dono de si, um artífice de si mesmo. Essa transformação somente é possível por meio do aprendizado a respeito do verdadeiro sentido do eterno retorno. Outro conhecimento necessário é o conhecimento do *amor fati*. Somente quando a vontade de potência (o alvo do desejo da autossuperação) se tornou plena no homem é que ele deixou de ser mero homem e passou a ser o verdadeiro *ubbermensch*.

O **eterno retorno**, segundo Nicola Abbagnano (2003b, p. 89-109),

> é a fórmula simples e completa que abarca e reduz à unidade todos os aspectos da doutrina de Nietzsche, e exprime igualmente o destino do homem e o do mundo. O eterno retorno é o sim que o mundo diz a si mesmo, é a autoaceitação do mundo. O eterno retorno é a expressão cósmica daquele espírito dionisíaco que exalta e abençoa a vida.

Abbagnano (2003b, p. 106) afirma que a doutrina do **eterno retorno** pressupõe a noção de que "o mundo não é perfeito nem belo nem nobre e não admite nenhuma qualificação que possa referir-se de algum modo ao homem". Juízos estéticos são meramente conceitos humanos e não têm finalidade alguma no mundo instável onde reina o caos e a noção de racionalidade é utópica. Se acaso houvesse uma finalidade, "um término definitivo, uma condição final de estabilidade", a humanidade já os teria alcançado (Abbagnano, 2003b, p. 106).

Abbagnano (2003b, p. 105-106) explica que esse é o mundo onde a história se dá e

> Tal mundo "afirma-se a si mesmo, até na sua uniformidade que permanece a mesma no curso dos anos; bendiz-se a si mesmo, porque é o que deve eternamente regressar, porque é o devir que não conhece saciedade, nem desgosto, nem fadiga". Este mundo dionisíaco da eterna criação de si e da eterna destruição de si, não tem outra finalidade

senão a "finalidade do círculo"; não tem outra vontade se não a do círculo que tem a boa vontade de seguir o seu próprio caminho.

Já o *amor fati*, segundo Abbagnano (2003b, p. 108-109), é a fórmula da grandeza do homem e implica

"não querer nada de diverso daquilo que é, nem no futuro, nem no passado, nem por toda a eternidade. Não só suportar o que é necessário, mas amá-lo". Este amor liberta o homem da servidão do passado, uma vez que por ele o que foi se transforma no que eu queria que fosse. A vontade não pode fazer com que o tempo volte para trás: por isso, o passado se lhe impõe e a faz prisioneira. Deste cativeiro é expressão a doutrina de que tudo o que passou merecia passar e que o tempo exerce sobre as coisas uma justiça punitiva infalível. O espírito do ressentimento preside a estas doutrinas que separam a existência do tempo e veem neste o castigo e a maldição da existência.

Abbagnano (2003b, p. 110) afirma que o homem ativo, o lutador, encontra no passado "os mestres, os exemplos, os consoladores que têm necessidade e o que o presente lhe nega". Nietzsche, segundo Abbagnano (2003b, p. 110), conclui "que a grandeza que aconteceu foi decerto possível, e por isso será também possível no futuro"; mas para poder viver, o homem ativo deve romper com o passado, aniquilando-o para "se refazer e se renovar". Para isso, ele precisa se valer da história crítica "que arrasta o passado ao tribunal, instrui severamente um juízo contra ele e, por fim, o condena" (Abbagnano, 2003b, p. 110).

Tendo condenado o passado, o homem ativo deve admitir a vida, essa "potência não histórica", e, dessa forma, segundo Nietzsche, "no ato desta aceitação, a vida mesma se põe como historicidade, e se liga ao passado, assumindo-o voluntariamente" (Abbagnano, 2003b, p. 111).

Assim se explica Nietzsche (2009, p. 19): "essa a minha moral, a moral de um homem livre, daqueles que desejam realizar o supremo mandamento dos homens livres: 'fazer de si uma personalidade completa'".

Martin Heidegger (1889-1976) foi discípulo de Rickert e grandemente influenciado por Husserl, a quem dedicou sua obra mais importante: *Ser e tempo* (1927). Foi professor em Marburgo e Friburgo e publicou inúmeras obras, entre as quais destacaram-se: *O conceito do tempo na ciência histórica* (1916); *Kant e o problema da metafísica* (1929), ao qual se seguiram dois outros escritos importantes; *A essência do fundamento* (1929); *Que é a metafísica* (1929); *A doutrina platônica da verdade* (1942); *A essência da verdade* (1943); *Carta sobre o humanismo* (1947); *Introdução à metafísica* (1956); *Que significa pensar* (1954); *Conferências e ensaios* (1954); *Sobre o ser* (1956); *O princípio do fundamento* (1957); *Sobre a linguagem* (1959); *O problema da coisa* (1962).

Heidegger acreditava que a finalidade da filosofia era a ontologia, "partindo de uma compreensão vaga do ser que permita pelo menos compreendê-lo e interrogá-lo", a fim de que "alcance uma determinação plena e completa do sentido (Sinn) do ser" (Abbagnano, 1970d, p. 193). Para formular uma ontologia, devemos distinguir o que se pergunta daquele a quem se pergunta e aquele que pergunta.

Abbagnano (1970d, p. 192-194) explica que,

> Na frase O que é o ser?, aquele que pergunta é o próprio ser, o que se encontra é o sentido do ser, mas quem se interroga é necessariamente um ente, pois o ser é sempre o ser de um ente. Deste modo, o primeiro problema da ontologia será o de determinar qual o ente que deve ser interrogado, isto é, a qual se deve dirigir especificamente a pergunta sobre o ser. Ora esta pergunta, com tudo o que ela implica (entender, compreender etc.) é o modo de ser de um determinado ente, o homem, que possui então um primado ontológico sobre os outros entes visto que é nele que recai a escolha do interrogador.

Para Heidegger, segundo Abbagnano (1970d, p. 192), "a análise do modo de ser do ser-aqui é, pois, essencial e preliminar para a ontologia" e o importante é "descobrir o que é o ser e encontrar-lhe o sentido". Esse "modo de ser do ser-aqui", no caso, o homem, é a própria existência: "a análise desse modo de ser será uma análise existencial e esta constitui o único meio de chegar à determinação daquele sentido do ser que corresponde ao problema fundamental da ontologia" (Abbagnano, 1970d, p. 194).

Como esclarece Abbagnano (1970d), o homem, para Heidegger, é esse ser-aqui cuja existência no mundo é inautêntica, ou seja, o mundo ao qual o homem está ligado é um mundo de coisas que não transcendem a si mesmas. A realidade do mundo de coisas está nele mesmo e elas são meros instrumentos para o homem. As coisas existem para serem utilizadas e a finalidade delas é dar satisfação a quem delas se utiliza – no caso, o homem.

Não há, segundo Heidegger, sentido nas coisas além de sua utilidade, porém, ao homem reserva-se um sentido que transcende sua existência. Ao homem compete cuidar das coisas do mundo. Ao homem está reservado o ato de transcendência que é, segundo Abbagnano (1970d, p. 208), a "superação do ser na sua totalidade, é um salto sobre o ser, que do nada chega a nada". Essa é sua existência autêntica, como explica Abbagnano (1970d, p. 208):

> A existência autêntica é, assim, segundo Heidegger, a única que compreende claramente e realiza emotivamente a nulidade radical da existência. A existência é transcendência: continua-se para além da realidade existente, antecipando e projetando, e é só neste proceder, neste antecipar e projetar, que a realidade existente se apresenta como tal e se torna compreensível. Mas transcender, antecipar e projetar apenas levam o homem a cair na realidade de fato que queria transcender e a prendê-lo a ela.

Ao transcender, não restará ao homem nada, a não ser a antecipação e a projeção desse nada aniquilador. O homem volta a ser o que era antes de existir, nada.

5.3
Existencialismo e estruturalismo

Há uma tendência atual de atribuir a origem do pensamento existencialista a Jean Paul Sartre e a Simone de Beauvoir, porém a melhor opinião é a de que devemos encontrar as raízes do referido pensamento nos escritos do filósofo dinamarquês Sören Kierkegaard. Kierkegaard foi um escritor prolífero. É de sua autoria: *O conceito de ironia* (1841); *Temor e tremor* (1843); *A repetição* (1843); *Migalhas-filosóficas* (1844); *O conceito de angústia* (1844); *A doença mortal* (1849). Kierkegaard é também autor de numerosos discursos religiosos e publicou, em 1855, o periódico *O momento*, no qual dirigiu os seus ataques contra a Igreja dinamarquesa (Abbagnano, 2003a).

Kierkegaard combateu o determinismo aristotélico e afirmou a liberdade humana diante das coisas. Para ele, o homem está totalmente à mercê de suas escolhas e atitudes. Não haveria, portanto, nenhuma condição prévia que sirva de referencial ou finalidade (*telos*) à existência humana. O homem está, segundo ele, entregue a si mesmo, podendo dar à sua existência o destino que lhe for adequado. Isso não é confortável, mas sim angustiante.

A questão envolvendo a relação entre essência e existência é a questão fundamental do existencialismo, para o qual a existência precede a essência. Isso implica que não há nada anterior ao próprio existir. Não há, segundo o pensamento existencialista, uma essência anterior à existência, daí o que existe é uma possibilidade absoluta. À medida que existimos, vamos construindo nossa própria essência. Nada, absolutamente nada, existe antes do próprio existir. É, portanto, a existência que define a essência, e não o contrário.

O existencialismo, como filosofia da existência, impôs-se na Europa no período entre as duas guerras mundiais e expandiu-se nos dois decênios que sucederam. O existencialismo, diferindo do idealismo, do positivismo e do marxismo, voltou sua atenção ao homem finito, lançado ao mundo, imerso e dilacerado pelas situações absurdas e complexas desse contexto que o limita, molda e define.

Romancistas modernos contribuíram para a divulgação do existencialismo, entre eles, Jean Paul Sartre, Albert Camus e Gabriel Marcel. Além deles, os principais nomes do existencialismo moderno são Martin Heidegger, Karl Jaspers, Maurice Merleau-Ponty e Nicola Abbagnano (Reale; Antiseri, 2006b).

Jean Paul Sartre nasceu em Paris, em 21 de junho de 1905. Sartre era um pensador com ampla variedade de atuações e gêneros literários. Produziu ensaios, romances, teatro, tratados filosóficos e fez militância política. A nenhum dos escritos de Sartre falta o elemento filosófico de fundamentação existencialista. Sartre escreveu: *A transcendência do ego, Esboço de descrição fenomenológica* (1936); *A imaginação* (1936); *Esboço de uma teoria das emoções* (1939); *O imaginário: psicologia fenomenológica da imaginação* (1940); *O ser e o nada: ensaio de ontologia fenomenológica* (1943); *O existencialismo é um humanismo* (1946); *Crítica da razão dialética* (precedida por *Questões de método*) e *Teoria dos conjuntos práticos* (1960).

O existencialismo de Sartre opõe-se ao de Husserl por considerar a noção de intencionalidade da consciência de suma importância. Para ele, "o eu não é um habitante da consciência" e "não está na consciência nem formalmente nem materialmente, mas, sim, fora, no mundo: é um ente do mundo como o eu de um outro" (Abbagnano, 1970b, p. 250).

Abbagnano (2003b, p. 257-271) explica que outro tema explorado fartamente por Sartre é o tema da liberdade:

A liberdade, segundo Sartre, é a possibilidade permanente da rotura ou anulação do mundo que é a própria estrutura da existência. "Eu estou condenado, diz Sartre (L'être et le néant, p. 515), a existir para sempre para além da minha essência, para além; dos móbiles e dos motivos do meu ato: eu estou condenado a ser livre. Isto significa que não se podem encontrar para a minha liberdade outros limites além da própria liberdade; ou, se se preferir, que não somos livres de deixar de ser livres". A liberdade não é o arbítrio ou o capricho momentâneo do indivíduo: radica-se na mais íntima estrutura da existência, é a própria existência.

Sartre, equivocadamente, interpretou o diálogo de Ivan com o noviço Aliocha, no romance de Dostoiévski *Os irmãos Karamázov*, como uma afirmação de que a não existência de Deus é um fator de eliminação de todo imperativo moral. Nesse sentido, argumenta ele, se não existe um ser que nos cria, que é anterior a nós, definindo a nossa essência, podemos ser qualquer coisa, tudo é permitido. Se não for assim, como diriam os moralistas, só podemos ser aquilo que nos foi preconcebido ou predeterminado.

A filosofia francesa do século XX também recebeu influência do estruturalismo. Com o desgaste do existencialismo como modo predominante de fazer filosofia entre intelectuais franceses até a década de 1960, o estruturalismo ganhou mais espaço na produção filosófica, sobretudo sob a ótica de Michel Foucault.

O estruturalismo como sistema filosófico opôs-se ao existencialismo, ao subjetivismo idealista e ao humanismo personalista – doutrinas que "exaltam a centralidade de um 'eu' criativo, livre, responsável, construtor de seu próprio futuro" (Reale; Antiseri, 2006a, p. 82). Contra todos, os estruturalistas "proclamam a morte do homem, e isso em nome de estruturas profundas e inconscientes (econômicas, psicológicas etc.)", as quais são, por excelência, "onívoras em relação ao sujeito" (Reale; Antiseri, 2006a, p. 82).

O estruturalismo teoriza sobre dois importantes aspectos da filosofia: 1) o eu; e 2) a história. Entre os principais representantes do estruturalismo, podemos citar Claude Lévi-Strauss, para a antropologia cultural; Jacques Lacan, para a psicanálise; Louis Althusser, para a análise marxista dos eventos sociais; e Michel Foucault, para a filosofia e a história da cultura (Reale; Antiseri, 2006a).

Michel Foucault (1926-1984), filósofo pós-moderno, autor de *Nascimento da clínica* (1963) e de *História da loucura na era clássica* (1961), exemplificou, em *As palavras e as coisas* (1966), a abordagem estruturalista do estudo da história. Nessas obras, Foucault defendeu não haver um sentido para a história e que a ideia do progresso humano é um mito, pois esse progresso nunca existiu. Para ele, a história é descontínua e governada por estruturas epistêmicas que agem na profundidade e estão presentes na história em nível inconsciente.

Foucault, em *Microfísica do poder*, buscou compreender como se estabelecem as relações de poder, não num nível de macroesfera, mas no nível da microesfera. Seu foco não foi o Estado e seus cidadãos por meio de um prisma territorial, mas as relações de poder que se estabelecem no cotidiano das pessoas, com seus costumes peculiares e comportamentos que influenciam a forma do indivíduo pensar. A pesquisa de Foucault produziu uma compreensão a respeito da genealogia do poder na sua microesfera.

Os micropoderes, sendo menos percebidos do que o macropoder, exercem maior influência sobre a forma do indivíduo viver seu dia a dia, segundo Foucault (2021). Os micropoderes são exercidos por pais, professores, inspetores de escola, guardas e policiais, porteiros de prédios, sacerdotes e pastores, líderes religiosos em geral. Enfim, os representantes do poder que exercem autoridade sem representar, especificamente, o Estado. Esses disciplinadores sociais, por seu contato contínuo com os indivíduos, por mais que não percebam, estariam servindo ao macropoder, no caso, o Estado. Embora menos visível do que a macroesfera, a microesfera é bem mais presente e efetiva (Foucault, 2021).

Em *Vigiar e punir*, Foucault (1977) amplia sua tese defendida em *Microfísica do poder* e explora os mecanismos de poder presentes nas instituições em que agem os disciplinadores sociais, como a escola, a família, a fábrica, entre outras que atuam como normatizadores da conduta individual. Essas instituições, por meio de testes, sanções e gratificações, fazem com que os indivíduos, aos poucos, vão adotando um modo de vida que, segundo os disciplinadores que nelas atuam, é o modo correto de vivermos na sociedade.

Em *Vigiar e punir*, Foucault faz referência ao *panopticon*, um projeto de centro penitenciário idealizado pelo filósofo Jeremy Bentham, em 1785. Nesse projeto, a garantia da ordem, unida ao princípio da individualidade separada, segundo o idealizador, levaria o detido a um estado consciente e permanente de possibilidade de observações por alguém que o vigia, estando plenamente visível a ele, todavia, sem poder ser perfeitamente percebido. O sistema foi projetado para que aquele que detém não precise recorrer à força e à violência para manter o detido conformado à sua situação.

Para Foucault, escolas, fábricas, igrejas e associações diversas são instituições panópticas mais leves, sem grades ou correntes. O detido, segundo o projeto de Bentham, deveria ver a torre de controle sem poder enxergar claramente os que o vigiam; assim também as instituições panópticas observam, porém, não são plenamente vistas.

Nas palavras de Foucault (1977, p. 170), o panóptico

> permite aperfeiçoar o exercício do poder. E isto de várias, maneiras: porque pode reduzir o número dos que o exercem, ao mesmo tempo em que multiplica o número daqueles sobre os quais é exercido. [...]

sua força é nunca intervir, é se exercer espontaneamente e sem ruído [...] Vigiar todas as dependências onde se quer manter o domínio e o controle. Mesmo quando não há realmente alguém que assista do outro lado, o controle é exercido. O importante é [...] que as pessoas se encontrem presas numa situação e poder de que elas mesmas são as portadoras [...] o essencial é que elas se saibam vigiadas.

Nas estruturas panópticas, observamos uma evidente disposição dos indivíduos em espaços, de acordo com os interesses daqueles que os vigiam. O panóptico é um zoológico humano. Nas estruturas panópticas, quanto mais o indivíduo está exposto, mais ele será facilmente contido, controlado e domesticado pelas estruturas e por quem as rege.

5.4
Filosofia da linguagem e da mente

A filosofia da linguagem também tem sido denominada filosofia analítica, em distinção à filosofia crítica, que a antecedeu. Discorrendo a respeito da importância da linguagem, Marilena Chaui (1997, p. 136) afirma que, no primeiro capítulo de sua obra Política, Aristóteles já havia atentado para ela ao afirmar que o homem é um animal político social e cívico porque "somente ele é dotado de linguagem". Os animais possuem voz (phone), mas o homem possui a palavra (logos) e, com ela, "exprime o bom e o mau, o justo e o injusto" (Chaui, 1997, p. 136).

Chaui (1997, p. 136) afirma que Rousseau, seguindo o mesmo raciocínio, em seu Ensaio sobre a origem das línguas, defendia que "a palavra distingue os homens dos animais; a linguagem distingue as nações entre si. Não se sabe de onde é um homem antes que ele tenha falado".

Citando o linguista Hjelmslev, Chaui (1997, p. 137) ressalta que a linguagem "é inseparável do homem, segue-o em todos os seus atos"; por meio dela, "o homem modela seu pensamento, seus sentimentos, suas emoções, seus esforços, sua vontade e seus atos, o instrumento graças ao qual ele influencia e é influenciado, a base mais profunda da sociedade humana".

Chaui (1997, p. 137) ainda afirma que "Rousseau considera que a linguagem nasce de uma profunda necessidade de comunicação" porque "o desejo e a necessidade de comunicar-lhe seus sentimentos e pensamentos fizeram-no buscar meios para isso".

De acordo com Chaui (1997, p. 137):

> Hjelmslev afirma que a linguagem é "o recurso último e indispensável do homem, seu refúgio nas horas solitárias em que o espírito luta contra a existência, e quando o conflito se resolve no monólogo do poeta e na meditação do pensador". A linguagem, diz ele, está sempre à nossa volta, sempre pronta a envolver nossos pensamentos e sentimentos, acompanhando-nos em toda a nossa vida. Ela não é um simples acompanhamento do pensamento, "mas sim um fio profundamente tecido na trama do pensamento", é "o tesouro da memória e a consciência vigilante transmitida de geração a geração".

Chaui (1997, p. 138) reconhece que é inegável o poder da linguagem, porque ela

> tem, assim, um poder encantatório, isto é, uma capacidade para reunir o sagrado e o profano, trazer os deuses e as forças cósmicas para o meio do mundo, ou, como acontece com os místicos em oração, tem o poder de levar os humanos até o interior do sagrado. Eis por que, em quase todas as religiões, existem profetas e oráculos, isto é, pessoas escolhidas pela divindade para transmitir mensagens divinas aos humanos.

Chaui (1997, p. 141), ainda argumentando sobre a linguagem, afirma que é, pois, "um sistema de signos ou sinais usados para indicar coisas, para a comunicação entre pessoas e para a expressão de ideias, valores e sentimentos". Ela indica as coisas, comunica, exprime pensamentos, sentimentos e valores, podendo ser expressiva, denotativa ou conotativa.

Leo Peruzzo Júnior e Bortolo Valle, em *Filosofia da linguagem* (2020a, p. 93), comparam as opiniões de Agostinho e Ludwig Wittgenstein (1889-1951) e afirmam que, para o bispo de Hipona, a existência do mundo externo, "quando percebido, passa a ser denotado pelas palavras".

Segundo Peruzzo Júnior e Valle (2020a, p. 93), Wittgenstein, indo além, afirma que "a linguagem serve tanto para ensinar como para recordar aquilo que aprendemos" e, contrariando Agostinho, afirma também que "o significado não é algo que está ligado apenas ao objeto exterior, desvinculando-se de qualquer tipo de realismo". Para ele, "a associação entre um signo e um objeto por meio do gesto ostensivo precisa estar contextualizado. Isso significa que a aplicação correta, o saber-como usar, depende de sua finalidade num contexto linguístico" (Peruzzo Júnior; Valle, 2020a, p. 93).

Na apresentação da primeira edição de sua obra, Peruzzo Júnior e Valle (2020b, p. 7) salientam que o universo da filosofia da linguagem é a objetividade do mundo e suas representações:

> De um lado, a tessitura do mundo que, do ponto de vista epistemológico, nos lega o problema da objetividade; do outro, a linguagem, com seu formalismo e/ou dinamismo pragmático, sendo responsável por construir nossas representações acerca do conhecimento. O modo como estas duas questões são pensadas, especialmente ao longo do século XX, tornam-se um diagnóstico das encruzilhadas conceituais que congregam a "Filosofia da Linguagem".

Peruzzo Júnior e Valle (2020c, p. 9) partilham da conclusão de Moritz Schilick (1882-1936), o qual afirmou que: "Se há um núcleo básico, desafiador e contínuo em Filosofia da Linguagem, este pode ser descrito a partir das condições que permitem um dizer sistemático sobre a própria noção de significado".

Hunnex (2003), resumindo o pensamento do Wittgenstein e dos defensores da filosofia da linguagem, afirma que, para eles: 1) filosofia é a análise lógica dos conceitos e das sentenças das ciências; 2) para entender o pensamento, devemos examinar a linguagem; 3) a linguagem natural, ou ordinária, nos confunde tanto por seu vocabulário quanto por sua sintaxe; 4) a principal tarefa da filosofia é reformar a linguagem, fazendo as suas formas gramaticais e sintáticas corresponderem à sua efetiva função lógica; 5) rejeição a qualquer metafísica baseada na existência de entidades não empíricas; 6) as definições devem ser operacionais, ou seja, "as coisas que não podem ser medidas não têm significado".

Hunnex (2003) lista como integrantes da filosofia da linguagem, além dos intelectuais do círculo de Viena, Moritz Schilick, Bertrand Russel, Ludwig Wittgenstein, Rudolf Carnap e Alfred J. Ayer, John L. Austin, da Escola de Oxford, e George E. Moore e John Wisdom, da Escola de Cambridge.

A filosofia da mente, segundo João de Fernandes Teixeira (2014), em seu livro *Como ler filosofia da mente*, teve início com René Descartes, o primeiro filósofo a formular o problema mente-corpo. Um dos principais objetivos da filosofia cartesiana foi "demonstrar que corpo e alma (ou mente) são duas substâncias distintas, e que suas propriedades são incompatíveis"; desde então, esse tem sido "o principal tema tratado pela filosofia da mente" (Teixeira, 2014, p. 13).

Teixeira (2014, p. 15-16) explica que Descartes, em sua obra *Meditações metafísicas* (1641), empenhou-se em mostrar que a mente é distinta do corpo, empregando, para isso, três argumentos:

1. "Se corpo e alma fossem a mesma coisa, quando amputo uma perna, eu deveria estar, ao mesmo tempo, amputando uma parte de minha alma", mas não é isso que acontece;

2. "A alma é mais facilmente conhecida do que o corpo. Sabemos o que estamos pensando neste momento, mas não sabemos o que está ocorrendo em nosso fígado";

3. "O físico e o mental são radicalmente diferentes, pois qualquer coisa extensa no espaço (como é o caso dos corpos) é infinitamente divisível".

Para Descartes, como explica Teixeira (2014), o corpo é mensurável, uma coisa extensa (*res extensa*); a mente, porém, não pode ser mensurada, ela é, portanto, coisa pensante (*res cogitan*). Não bastava, no entanto, afirmar a diferenciação ente corpo e alma, era necessário explicar como corpo e mente se relacionam.

Teixeira (2014, p. 17-18) explica que,

> No livro As paixões da alma, publicado em 1649, Descartes tenta resolver esse problema propondo a glândula pineal como uma espécie de interface entre mente e corpo: os movimentos físicos do sistema corporal moveriam a glândula que, por sua vez, sensibilizaria a alma. Esta, através da vontade, levaria a pequena glândula a mover-se, ativando as partes do sistema em direção às ações humanas. Este tipo de solução, contudo, nunca foi inteiramente aceito: se a glândula é material, como a alma poderia interagir causalmente com ela? Como poderia a glândula pineal ser, em algum momento, algo físico e mental ao mesmo tempo? Este é o problema que se colocaram os filósofos nos séculos XVII, XVIII e daí por diante: como interagir alma e corpo. A filosofia iniciou um enorme e interminável movimento pendular entre dualismo e monismo sempre buscando soluções para o problema cartesiano.

A solução cartesiana, conhecida como *dualismo existencial*, apenas tocou, de leve, no problema da relação entre corpo e mente. Após ele, houve inúmeras tentativas de conciliação e resolução do problema. O problema ainda não tem uma solução plausível e considerada plenamente satisfatória.

Na obra *Uma introdução à filosofia da mente*, André Leclerc (2018, p. 20) esclarece que:

A Filosofia da Mente é uma disciplina recente. No entanto, ela rapidamente se tornou fundamental para entender melhor assuntos tratados em outros campos da filosofia, como na filosofia da linguagem, na filosofia da ação, na antropologia filosófica, em partes da ética e dos problemas metafísicos tradicionais, como o problema do livre-arbítrio. No século XX, particularmente no movimento conhecido como filosofia analítica, houve o que pode ser descrito como uma forte profissionalização das disciplinas filosóficas, que corresponde a uma institucionalização de certos assuntos filosóficos tradicionais.

Embora seja uma disciplina recente, suas raízes procedem da filosofia antiga. Platão, em *Fédon*, já fazia distinção entre corpo e alma (mente) e Aristóteles, em *De Anima*, fazia o mesmo. Descartes apenas aprofundou a questão e deu novas feições ao debate.

Por algum tempo, o debate a respeito da relação entre corpo e mente ficou relegado a segundo plano. Somente em meados do século XX é que o debate passou a ocupar um espaço significativo. Segundo Leclerc (2018, p. 20-21), o interesse recorrente dos filósofos "só deu lugar a uma profissionalização a partir do final dos anos 1940, com a publicação de *O Conceito de Mente* (The Concept of Mind) de Gilbert Ryle (1949), e logo depois, postumamente, das *Investigações Filosóficas* (1953) de Ludwig Wittgenstein".

5.5
Escola de Frankfurt e a teoria crítica

A Escola de Frankfurt surgiu por meio do legado de um progressista abastado chamado Félix Klein, que fundou, em Frankfurt, na década de 1920, o Instituto de Pesquisa Social. Em 1931, Max Horkheimer (1895-1973) tornou-se diretor do instituto e "com ele a Escola se caracterizou como centro de elaboração e propagação da **teoria crítica da sociedade**" (Reale; Antiseri, 2006b, p. 469, grifo do original).

A Escola de Frankfurt, desde sua origem, manifestou uma orientação socialista e materialista. Como relatam Reale e Antiseri (2006b, p. 469):

De orientação "socialista" e "materialista", a Escola elaborou suas teorias e desenvolveu suas pesquisas à luz das categorias de uma ligação totalidade e de dialética: a pesquisa social não se dissolve em pesquisas especializadas e setoriais; a sociedade deve ser pesquisada "como um todo" nas relações que ligam uns aos outros os âmbitos econômicos com os culturais e psicológicos.

Como explicam Reale e Antiseri (2006b, p. 470), a teoria crítica promove uma ligação entre o hegelianismo, o marxismo e o freudismo e "pretende fazer emergir as contradições fundamentais da sociedade capitalista e aponta para 'um desenvolvimento que leve a uma sociedade sem exploração'". Ela apresenta-se como uma teoria socialista e materialista cuja tônica é "a teoria da sociedade como um todo", que "não se resume ou se dissolve em investigações especializadas e setoriais", mas se propõe a ser um exame amplo das "relações que ligam reciprocamente os âmbitos econômicos com os históricos, bem como os psicológicos e culturais, a partir de uma visão global e crítica da sociedade contemporânea" (Reale; Antiseri, 2006b, p. 469-470).

Reale e Antiseri (2006b, p. 470, grifo do original) explicam que:

Tal teoria é crítica enquanto dela emergem as contradições da sociedade industrializada moderna e particularmente da sociedade capitalista. Para maior precisão: o teórico crítico "é o teórico cuja única preocupação consiste em um desenvolvimento que leve a uma sociedade sem exploração".

Na intenção de Horkheimer, segundo Reale e Antiseri (2006b, p. 470), a teoria crítica "pretende ser uma compreensão totalizante e dialética da sociedade humana em seu conjunto e, para sermos mais exatos, dos mecanismos da sociedade industrial avançada". Reale e Antiseri (2006b, p. 470) explicam que essa compreensão totalizante e dialética da sociedade é capaz de "promover sua transformação racional que leve em conta o homem, sua liberdade, sua criatividade, seu desenvolvimento harmonioso em colaboração aberta e fecunda com os outros" e, dessa forma, impedir que se perpetue um sistema de opressão.

Maria Érbia Cássia Carnaúba (2010, p. 196) afirma que devemos entender a *teoria tradicional* como aquela cuja origem "se deu nos primórdios da filosofia moderna com René Descartes". Essa origem "está ligada ao avanço das chamadas 'ciências naturais', mais especificamente a matemática e a física, visto que o êxito alcançado por essas ciências era tido como modelo", o qual "trouxe uma série de consequências para a análise da realidade tais como a separação entre indivíduo e sociedade, a perspectiva parcial de classe, a simplificação e a eliminação das contradições da *práxis* social" (Carnaúba, 2010, p. 196).

Como explica Carnaúba (2010), o equívoco a ser evitado, segundo Horkheimer, é usar a teoria tradicional como ferramenta para análise social. Isso porque, segundo Carnaúba (2010, p. 198), no conceito da teoria tradicional, "é possível fazer ciências sociais com o mesmo modelo de causa e efeito, de observação empírica das ciências naturais, sem ser parcial, de maneira, que a sociologia é tão demonstrável, previsível e calculável quanto uma ciência natural".

Se, por um lado, a teoria tradicional "impõe a separação entre o indivíduo e a sociedade, pois o comportamento humano passa a ter a própria sociedade como seu objeto", a teoria crítica "envolve **diagnóstico do tempo presente, orientação para a emancipação e comportamento crítico**", e ainda "denuncia o caráter puramente descritivo da realidade", uma vez "que o potencial de libertação ou emancipação humana está presente exclusivamente nas representações próprias de uma classe" (Carnaúba, 2010, p. 199).

Para Horkheimer, segundo Carnaúba (2010, p. 199, grifo do original), só é teoria crítica se "tiver como pressuposto o **comportamento crítico**", e este consiste em "apreender a realidade cindida como contradição e perceber que o modo de economia vigente é, sobretudo, produto da ação humana, que por sua vez, pode também tomar outro rumo e orientar-se para emancipação".

Carnaúba (2010, p. 201) explica a diferença essencial entre teoria tradicional e teoria crítica:

> A teoria tradicional limitou-se a descrever a realidade como algo exterior ao observador e separou rigidamente o "saber" do "agir". Para saber é necessário distanciar-se da realidade que é apreendida como estática, natural, pois caso contrário, a ciência seria parcial, ou seja, o que ela menos pretende ser. A Teoria Crítica proposta por Horkheimer reconhece que "saber" e "agir" são distintos, mas acrescenta a ideia de poder ser pensados juntos e mutuamente, dado que, a realidade social é produto da ação dos homens. Ou seja, a atitude crítica, além de considerar o conhecimento, sobretudo considera a realidade das condições sociais capitalistas, posto que o **comportamento crítico** orienta-se para a **emancipação**.

Reale e Antiseri (2006b, p. 476) explicam que Max Horkheimer, em sua *Crítica da razão instrumental*, examina "o conceito de racionalidade que está na base da cultura industrial moderna, e procura estabelecer se esse conceito não contém defeitos que o viciam de modo essencial". Os autores afirmam que, para Horkheimer, "o conceito de racionalidade que está na base da civilização industrial é podre na raiz", cuja doença consiste "no fato de que ela nasceu da necessidade humana de dominar a natureza" (Reale; Antiseri, 2006b, p. 477). A razão antinatural faz uso da natureza sem valorizá-la como deveria.

Como esclarecem Reale e Antiseri (2006b, p. 477):

A razão, portanto, não nos dá mais verdades objetivas e universais às quais possamos nos agarrar, mas somente instrumentos para objetivos já estabelecidos. Não é ela que fundamenta e estabelece o que sejam o bem e o mal, como base para orientarmos nossa vida; quem decide sobre o bem e o mal é agora o "sistema", ou seja, o poder. A razão é agora *ancilla administrationis* e, "tendo renunciado à sua autonomia, a razão tornou-se um instrumento".

Essa instrumentalização da razão deve ser objeto de denúncia da filosofia. Em tal condição, a filosofia deve denunciar a razão instrumental desmascarando sua verdadeira natureza. Segundo Horkheimer, citado por Reale e Antiseri (2006b, p. 477), "'o maior serviço que a razão poderia prestar à humanidade' seria o da 'denúncia do que é comumente chamado de razão'".

A razão instrumental opõe-se à razão pura por ser meio, não finalidade. Quando vista de forma meramente instrumental, a razão presta-se a promover outras finalidades que não condizem com a própria razão. A razão instrumental pode ser uma ferramenta para a perpetuação da opressão, desconhecendo limites e servindo unicamente aos interesses de grupos dominantes que controlam o capital e o trabalho.

Além de Horkheimer, a Escola de Frankfurt contou com a contribuição de outros pensadores igualmente importantes: Theodor W. Adorno e Herbert Marcuse.

Theodor Wiesengrund Adorno (1903-1969), filósofo e sociólogo alemão, desenvolveu uma teoria denominada *dialética negativa*. Segundo essa teoria, "para alcançar sua funcionalidade, o 'sistema', que é a sociedade tecnológica contemporânea, entre seus principais instrumentos, pôs em funcionamento uma poderosa máquina: a indústria cultural" (Reale; Antiseri, 2006b, p. 474).

Sobre a indústria cultural, Reale e Antiseri (2006b, p. 474) afirmam que

Esta é constituída essencialmente pela mídia (cinema, televisão, rádio, discos, publicidade etc.). É com a mídia que o poder impõe valores e modelos de comportamento, cria necessidades e estabelece a linguagem. E esses valores, necessidades, comportamentos e linguagem são uniformes porque devem alcançar a todos; são amorfos, assépticos; não emancipam, nem estimulam a criatividade; pelo contrário, bloqueiam-na, porque habituam a receber passivamente as mensagens. "A indústria cultural perfidamente realizou o homem como ser genérico".

A indústria cultural (ou do entretenimento barato e superficial) submeteu às suas próprias regras o tempo livre sobre o qual o homem pós-moderno acredita ter controle. Ela ilude o homem médio fazendo-o cultuar o que ela lhe oferece. Dessa forma, a indústria cultural não se vincula a uma ideologia específica, ela se torna a própria ideologia que defende.

Um dos paradoxos da sociedade contemporânea é o excesso de oferta e o pouco tempo para desfrutarmos de tudo o que se oferece em termos de entretenimento. O homem do século XXI busca inúmeros meios de alcançar uma boa vida, uma vida que valha a pena ser vivida, porém, o que obtém é um acúmulo de aflições e enfado.

Clóvis de Barros Filho e Arthur Meucci (2017), em seu livro *A vida que vale a pena ser vivida*, endossam a preocupação de Adorno. Ao referir-se aos tempos pós-modernos, eles expressam suas preocupações:

> Na hora de cogitar sobre como gastar o tempo que resta, damo-nos conta de nossa pouca autonomia. [...] Assim, dietas curtas e outras intermináveis; exercícios físicos para desocupados e para os que não têm tempo; remédios e cosméticos sempre de última geração, com a garantia de uma vida mais longa e saudável. Condomínios fechados, verdadeiros eldorados intramuros; a indústria da segurança privada, que não para de crescer, garante sobrevida, ante as agressões dos homens tristes; novas seitas prometem melhores condições existenciais, respeitados os protocolos divinos, apresentados por privilegiados mediadores; instituições financeiras asseguram um futuro mais

confortável; partidos políticos prometem investimentos públicos em saúde e segurança, reduzindo a probabilidade de um contratempo [...]. (Barros Filho; Meucci, 2017, p. 67)

Paradoxalmente, o resultado é o inverso: "Todos esses discursos fazem crer na boa gestão do tempo que falta. [...] Mas, apesar de todas essas sugestões para melhor distrair a existência, são muitas as ocasiões que nos relembra de nossa condição. Finita. Temporária. Daí toda nossa aflição" (Barros Filho; Meucci, 2017, p. 67).

Fica evidente, nas considerações feitas por Barros Filho e Meucci, que o homem do século XXI continua buscando meios de desfrutar de uma boa vida, uma vida que vale a pena ser vivida. Porém, hoje, mais do nunca, o homem continua aflito e precisando refletir sobre o que realmente vale a pena.

Herbert Marcuse (1898-1979), filósofo e sociólogo alemão, em seu livro *Eros e civilização* (1982), indaga se é possível haver uma civilização sem repressão. Como afirmam Reale e Antiseri (2006b, p. 479), Marcuse faz a seguinte indagação: "a repressão dos instintos em função da civilização deve ser eterna?".

Marcuse, citado por Reale e Antiseri (2006b, p. 479), digladia com as teorias freudianas "de que a civilização baseia-se na repressão permanente dos instintos humanos" e propõe que devemos lutar contra "essa eternização e absolutização do contraste entre o princípio do prazer e o princípio de realidade".

Reale e Antiseri (2006b, p. 479) esclarecem que, para Marcuse, o contraste dos dois princípios "não é metafísico ou eterno, devido a certa misteriosa natureza humana considerada em termos essencialistas"; ao invés disso, "é muito mais produto de uma organização histórico-social específica".

Marcuse, segundo Reale e Antiseri (2006b, p. 479-480, grifo do original), reconhece a existência de dois reinos, o da necessidade e o da liberdade:

> O progresso tecnológico gerou as premissas para a libertação da sociedade em relação à obrigação do trabalho, pela ampliação do tempo livre, pela mudança da relação entre tempo livre e tempo absorvido pelo trabalho socialmente necessário (de modo que este se torne apenas meio para a libertação de potencialidades hoje reprimidas): "Expandindo-se sempre mais, o reino da liberdade torna-se verdadeiramente o reino do jogo, do livre jogo das faculdades individuais. Assim libertadas, elas geram formas novas de realização e de descoberta do mundo, que, por seu turno, darão nova forma ao reino da necessidade e à luta pela existência". O reino da necessidade (centrado no princípio do desempenho e da eficiência, que suga toda a energia humana) será então substituído por uma sociedade não repressiva, que reconcilia natureza e civilização, na qual se afirma a felicidade do Eros libertado.

O existencialismo fez a sociedade contemporânea mergulhar em uma realidade para a qual não estava preparada. A confrontação com sua nulidade e a completa ausência de sentido para a vida fez com que a sociedade buscasse, em experiências passageiras e intensas, sua realização. A indústria do entretenimento ganhou força e o *marketing* tornou-se uma ferramenta poderosa na mão dos que prometem o paraíso aqui e agora.

5.6
Ideologias

Em seu livro *O que é ideologia*, Marilena Chaui (2008, p. 28) vale-se de uma citação de Auguste Comte para definir ideologia como "aquela atividade filosófico-científica que estuda a formação das ideias a partir das relações entre o corpo humano e o meio ambiente, tomando como ponto de partida as sensações". Mas essa não é a única definição apresentada por ela. Há ainda aquela noção de que a ideologia é "o conjunto de ideias de uma época, tanto como 'opinião geral' quanto no sentido de elaboração teórica dos pensadores dessa época" (Chaui, 2008, p. 28-29).

Segundo Chaui (2008, p. 28-29, grifo do original), "cada fase do espírito humano leva-o a criar um conjunto de ideias para explicar a totalidade dos fenômenos naturais e humanos – essas explicações constituem a ideologia de cada fase".

Seguindo esse raciocínio, em cada fase da produção filosófica ocidental houve uma ou mais ideologias principais. Embora o termo tenha sido usado após a Revolução Francesa (1789), Chaui (2008, p. 25) explica que Destutt de Tracy, no livro *Elementos de ideologia*, afirma que, desde sua origem, o termo traz consigo a noção de uma elaboração "da gênese das ideias, tratando-as como fenômenos naturais que exprimem a relação do corpo humano, enquanto organismo vivo, com o meio ambiente". Naqueles tempos, dizia-se que as ideologias que circulavam nas ruas de Paris eram antiteológicas, antimetafísicas e antimonárquicas.

Chaui (2008, p. 26) esclarece que, em sua obra, Tracy propõe que se abandone o ensino religioso e metafísico, que estavam a serviço da monarquia, e se adote uma educação voltada às ciências físicas e químicas para a formação de um bom espírito, "uma inteligência capaz de observar, decompor e recompor os fatos, sem perder-se em vazias especulações abstratas nem em explicações teológicas". Sua ideologia, explica Chaui (2008), era de cunho materialista e antimonarquista.

Chaui (2008) esclarece que muitos ideólogos contemporâneos de Tracy eram apoiadores de Napoleão Bonaparte e participaram do golpe de 18 Brumário. Algum tempo depois, os mesmos ideólogos foram hostilizados pelo próprio Napoleão num discurso ao Conselho de Estado em 1812. Nesse discurso, Napoleão atribuiu todas as desgraças que sobrevieram à França aos discursos dos ideólogos franceses, chamando, inclusive, de forma desonesta, a ideologia deles de *tenebrosa metafísica* (Chaui, 2008).

Segundo Chaui (2008), o que Napoleão disse não podia ser aplicado aos ideólogos franceses, mas sim aos ideólogos alemães. Os defensores da ideologia alemã faziam o que Napoleão afirmava, ou seja, eles invertiam "as relações entre as ideias e o real" (Chaui, 2008, p. 28).

Como um modelo de ideologia, Chaui (2008) apresenta a ideologia marxista e explica que, em sua obra *A ideologia alemã*, Karl Marx analisa o pensamento alemão desde Hegel até ele mesmo (Feuerbach, F. Strauss, Max Stirner, Bruno Bauer e outros). Marx, como esclarece Chaui (2008), faz duas críticas aos pensadores que o antecederam: 1) a ilusão dos pensadores que poderiam demolir o sistema hegeliano abordando apenas partes deles e não o sistema todo; 2) tomar um aspecto da realidade humana e, com base nele, deduzir todo o real. A ideologia defendida por Marx era uma interpretação da história "como um conhecimento dialético e materialista da realidade social" (Chaui, 2008, p. 36).

Karl Marx nasceu em Trier, em 1818. Estudou em Bonn e depois em Berlim, onde se laureou em 1841, com uma tese sobre a diferença entre a filosofia da natureza de Demócrito e a de Epicuro. Foi redator da *Gazeta Renana* e codiretor dos *Anais* franco-alemães. Em Paris, conheceu Friedrich Engels, com quem escreveu *A sagrada família* e a *Ideologia alemã*. Em 1845, publicou as famosas *Teses sobre Feuerbach* e, em 1848, já em Londres, publicou *O manifesto comunista*. No ano seguinte, ainda em Londres, deu início à sua obra mais conhecida, *O capital*, cujos três volumes foram publicados em 1867, 1885 e 1894, respectivamente. Marx morreu no dia 14 de março de 1883 (Reale; Antiseri, 2005b).

Dois conceitos imprescindíveis para compreendermos o pensamento de Engels e de Marx são *ideologia e alienação*. Esses conceitos, no pensamento desses filósofos, estão interligados e são utilizados por eles como forma de manutenção dos sistemas de dominação social e política. Por meio desses conceitos, os dominados passam a crer que estão condicionados a fatores aos quais veem como naturais, que os mantêm domesticados com base na noção de que há uma ordem superior à qual devem se submeter sem questionamentos e da qual é impossível se libertar.

Marx considera ideologia o conjunto de ideias que as classes dominadoras impõem às classes dominadas no intuito de mantê-las subjugadas e passivas. Uma vez estabelecida, a ideologia leva as classes dominadas a pensar que a realidade esgota-se naquilo que as classes dominantes apresentam-lhes como a própria realidade, uma realidade inescapável e perene de exploração e de opressão social, política e econômica.

Contra a ideologia prevalecente em seus dias, Engels e Marx, em *O manifesto comunista*, propõem uma nova ideologia, de viés libertário, para o proletariado – a classe dominada. A ideologia política que tem como programa *O manifesto comunista*, publicado por Marx e Engels em 1847, pode ser resumida nos seguintes pontos e etapas fundamentais: 1) a personalidade humana depende da sociedade a que pertence; 2) a estrutura da sociedade depende das relações de produção; 3) a luta de classes tem caráter permanente; 4) etapa da eliminação total das classes sociais; e 5) etapa final da ditadura do proletariado (Abbagnano, 2007).

Marx acreditava que, na passagem da sociedade capitalista para a sociedade comunista, seria inevitável que houvesse uma mudança radical no mecanismo econômico. Essa mudança deveria ocorrer para que o trabalho, deixando de ser alienação, pudesse assumir, plenamente, sua feição dignificante. O capital deixaria de ser concentrado por um grupo minoritário e passaria a ser posse dos trabalhadores assalariados. Para que isso aconteça, é necessário que haja uma transição no intuito de não diminuir a produção e dar tempo para que o proletariado se prepare para a nova realidade econômica (Abbagnano, 2007).

Como esclarece Marx, citado por Abbagnano (2007, p. 302): "Desse modo, a socialização dos meios de produção, sua transferência da classe capitalista para a operária, ocorrerá com a mesma fatalidade que rege as metamorfoses da natureza".

Essa mudança visa, segundo Marx, citado por Abbagnano (2007), impedir que o trabalho se torne mera mercadoria que enriqueça os exploradores e que o empregador também não seja nivelado ao patamar inferior de mercadoria, o que representa a coisificação do trabalhador.

Como podemos observar por meio da análise da ideologia marxista, uma ideologia "consiste precisamente na transformação das ideias da classe dominante em ideias dominantes para a sociedade como um todo, de modo que a classe que domina no plano material (econômico, social e político) também domina no plano espiritual (das ideias)" (Chaui, 2008, p. 85).

Louis Althusser (1980), filósofo argelino, defensor do marxismo, em seu livro *Ideologia e aparelhos ideológicos de Estado*, aborda a questão da necessidade de o Estado reproduzir os mecanismos de produção a fim de não perder sua influência sobre a sociedade. Althusser (1980) acreditava que somente por meio da teoria da luta de classe é que seria possível entender as ideologias. Uma forma de fazer essa reprodução dos mecanismos de produção é a fomentação das ideologias fundamentais do marxismo entre os estudantes.

> É por isso que nos julgamos autorizados a avançar a Tese seguinte com todos os riscos que isso comporta: pensamos que o Aparelho Ideológico de Estado que foi colocado em posição **dominante** nas formações capitalistas maduras, após uma violenta luta de classes política e ideológica contra o antigo Aparelho Ideológico de Estado

dominante, é o **Aparelho Ideológico escolar**. (Althusser, 1980, p. 60, grifo do original)

Para Althusser (1980, p. 91), "só existe prática através e sob uma ideologia" e, ainda, "só existe ideologia através do sujeito e para sujeitos". A ideologia, segundo Althusser (1980), transforma indivíduos em sujeitos. Nos rituais práticos cotidianos mais elementares (aperto de mão, o fato de termos um nome, o fato de saber, mesmo que nos ignorem, que temos um nome próprio, que nos faz ser reconhecidos como sujeitos únicos etc.), temos a consciência de nossa consciência pessoal, que é nosso reconhecimento ideológico (Althusser, 1980).

Slavoj Zizek, filósofo esloveno, organizador do livro *Um mapa da ideologia*, em seu artigo "O espectro da ideologia", defende a noção de que ideologia

> pode designar qualquer coisa, desde uma atitude contemplativa que desconhece sua dependência em relação à realidade social, até um conjunto de crenças voltado para a ação; desde o meio essencial em que os indivíduos vivenciam suas relações com uma estrutura social até as ideias falsas que legitimam um poder político dominante. Ela parece surgir exatamente quando tentamos evitá-la e deixa de aparecer onde claramente se esperaria que existisse. (Zizek, 1996, p. 9)

Invariavelmente, segundo ele, "quando um processo é denunciado como 'ideológico por excelência', pode-se ter certeza de que seu inverso é não menos ideológico" (Zizek, 1996, p. 9). Isso ocorre porque,

> entre os processos geralmente reconhecidos como "ideológicos" acha-se, em definitivo, a perenização de alguma situação historicamente limitada, o ato de discernir numa contingência uma Necessidade superior (desde a fundamentação da dominação masculina na "natureza das coisas" até a interpretação da AIDS como um castigo pela vida pecaminosa do homem moderno; [...]); assim, a contingência do real, carente de sentido, é "internalizada", simbolizada, provida de Sentido. Mas, não será a ideologia também o processo inverso de não reparar

na necessidade, de apreendê-la erroneamente como uma contingência insignificante [...]? Nesse sentido exato, a ideologia é o oposto diametral da internalização da contingência externa: reside na externalização do resultado de uma necessidade interna. Aqui, a tarefa da crítica da ideologia é justamente discernir a necessidade oculta, naquilo que se manifesta como mera contingência. (Zizek, 1996, p. 9-10)

Zizek (1996, p. 11) toca no âmago da questão ao expor a ideologia como reativa. Uma ideologia nasce da necessidade de não aceitação da perenização de "alguma situação historicamente limitada". A ideologia lida com tabus, questões que são tidas como intocáveis, verdadeiros totens sagrados que não devem, nem em sonhos, ser questionados. Essa luta contínua contra a referida perenização descamba num paradoxo: "a saída da(quilo que vivenciamos como) ideologia é a própria forma de nossa escravização a ela" (Zizek, 1996, p. 12).

Para ilustrar o paradoxo, Zizek (1996, p. 14) cita a ideologia marxista do proletariado:

> Quando, por exemplo, o leninismo-stalinismo subitamente adotou a expressão "ideologia proletária", no fim da década de 1920, para designar, não a "distorção" da consciência proletária sob a pressão da ideologia burguesa, mas a própria força motriz "subjetiva" da atividade proletária revolucionária, essa mudança na noção de ideologia foi estritamente correlata à reinterpretação do próprio marxismo como uma "ciência objetiva" imparcial, como uma ciência que não implicaria, em si mesma, a postura subjetiva proletária: primeiro, a partir de uma distância neutra, de metalinguagem, o marxismo afirmou a tendência objetiva da história em direção ao comunismo; depois, elaborou a "ideologia proletária" para induzir a classe trabalhadora a cumprir sua missão histórica.

A ideologia, segundo Zizek (1996, p. 15), segue um rito, uma linha que se enquadra na "tríade hegeliana do Em-si/Para-si/Em-si-e-Para-si". Segundo ele, a reconstrução "lógico-narrativa da noção de ideologia irá centrar-se na ocorrência reiterada da já mencionada inversão da não ideologia em ideologia – isto é, da súbita conscientização de que o próprio gesto de sair da ideologia puxa-nos de volta para ela" (Zizek, 1996, p. 15).

Comumente, a ideologia, segundo Zizek (1996, p. 15), tem sido vista como uma "doutrina, conjunto de ideias, crenças, conceitos e assim por diante, destinada a nos convencer de sua 'veracidade', mas, na verdade, servindo a algum inconfesso interesse particular do poder". Invariavelmente, promove uma desconstrução por meio de uma desnaturalização de algo que tem sido visto pela sociedade como pertencente à natureza.

> um dos estratagemas fundamentais da ideologia é a referência a alguma evidência — "Olhe, você pode ver por si mesmo como são as coisas!" ou "Deixe os fatos falarem por si" talvez constituam a arqui-afirmação da ideologia — considerando-se, justamente, que os fatos **nunca** "falam por si", mas são sempre **levados a falar** por uma rede de mecanismos discursivos. (Zizek, 1996, p. 17, grifo do original)

No intuito de esclarecer como funciona o mecanismo de ideologização, Zizek (1996, p. 17) menciona a questão ecológica:

> A ecologia, por exemplo, nunca é a "ecologia como tal", mas está sempre encadeada numa série específica de equivalências: pode ser conservadora (defendendo o retorno a comunidades rurais equilibradas e estilos tradicionais de vida), estatal (só uma regulamentação estatal forte é capaz de nos salvar da catástrofe iminente), socialista (a causa primordial dos problemas ecológicos reside na exploração capitalista dos recursos naturais, voltada para o lucro), liberal-capitalista (os danos ambientais devem ser incluídos no preço do produto, deixando-se ao mercado a tarefa de regular o equilíbrio ecológico), feminista (a exploração da natureza segue a atitude masculina de dominação), autogestora anarquista (a humanidade só poderá sobreviver se se reorganizar em pequenas comunidades autônomas que vivam em equilíbrio com a natureza), e assim por diante.

A grande questão, segundo ele, é que "nenhum desses encadeamentos é 'verdadeiro' em si, inscrito na própria natureza da problemática ecológica" (Zizek, 1997, p. 17-18). Todos têm em si uma parcela da necessidade real, todavia, estando em oposição, contemplam sua luta como a única capaz de ser a resposta definitiva à questão em foco.

Em sua crítica à ideologia, Zizek (1996) propõe cautela ao abordarmos o assunto. Segundo ele,

> a ideologia não é tudo; é possível assumir um lugar que nos permita manter distância em relação a ela, mas **esse lugar de onde se pode denunciar a ideologia tem que permanecer vazio, não pode ser ocupado por nenhuma realidade positivamente determinada**; no momento em que cedemos a essa tentação, voltamos à ideologia. (Zizek, 1996, p. 22-23, grifo do original)

A cautela é necessária para que evitemos o erro de achar que haja uma ideologia que não seja distinta de outra "mera ideologia". Para Zizek (1996), a pessoa que se submete a uma ideologia nunca admitirá por si mesma que está nessa ideologia; ela sempre se referirá a outra ideologia como aquela à qual se opõe.

Outro exemplo é a ideologia feminista. A causa feminista ganhou projeção e visibilidade quando, em 1949, Simone de Beauvoir publicou seu livro *O segundo sexo*. Beauvoir é uma das principais pensadoras da segunda fase do feminismo. Em função dela, a forma de vermos o feminismo mudou radicalmente no século XX.

A filósofa brasileira Marcia Tiburi publicou o artigo "Quem tem medo de Simone de Beauvoir" (Tiburi, 2015), em que protestou contra a afirmação de que o livro de Beauvoir era um livro ultrapassado. Segundo ela:

> Ele deveria ser lido não por feministas apenas, mas por mulheres, homens e todos as pessoas que, de um modo ou de outro, estão marcados pela questão de gênero, porque se trata de um livro básico, que

nos ensina a pensar sobre as desigualdades e privilégios de gênero, aqueles que experimentamos como os mais naturais sem perceber como nos marcam. [...] O livro de Simone de Beauvoir foi fundamental para colocar os pingos nos is dessa questão. Se o feminismo sempre foi a teoria que buscou legitimar a reivindicação de direitos para as mulheres, com Simone de Beauvoir ele se tornou a consciência crítica e, ao mesmo tempo, transformadora da desigualdade de gênero.

Ao comentar a frase "ninguém nasce mulher, mas se torna", Tiburi (2015) afirma que ela:

> desmascara a invenção histórica que fez padecer "homens" e "mulheres" sob estereótipos em nada relacionados à sua autocompreensão subjetiva. Com essa ideia começa o que muitos chamam de "segunda onda" do feminismo caracterizada justamente pela desmontagem da questão de gênero. [...] A naturalização é o que experimentamos no dia a dia quando vivemos dentro do binarismo "homem-mulher" considerando todas as formas que não se encaixem nesse padrão heterossexual como inadequadas, senão como um erro da natureza. No que concerne ao gênero isso implica divisão do trabalho, dentro e fora de casa, e um sistema de preconceitos que converge com os privilégios masculinos.

Em linhas gerais, dizer que "ninguém nasce mulher, torna-se mulher", significa, segundo o depoimento de Tiburi (2015):

1. Que somos seres históricos;
2. Que somos o resultado de nossas escolhas;
3. Das nossas determinações;
4. Que não há destino biológico que define o que é cultural;
5. Macho e fêmea é biológico;
6. Homem e mulher são papéis sociais;
7. Somos frutos de um processo civilizatório;
8. A existência determina a essência.

Essas conclusões não podem ser cientificamente comprovadas; elas fazem parte de um arcabouço ideológico, uma opinião geral, um conjunto de ideias usadas para explicar e compreender a totalidade dos fenômenos naturais e humanos (Chaui, 2008).

Chaui (2008) considera a ideologia um fenômeno objetivo e involuntário, um processo em que a submissão de determinados indivíduos ou grupos sociais a outros indivíduos ou grupos sociais acontece por meio da alienação. Ela é, portanto, "o processo pelo qual as ideias da classe dominante tornam-se ideias de todas as classes sociais" (Chaui, 2008, p. 85).

Na parte final de sua obra *O que é ideologia*, Chaui (2008) aborda a questão da Ideologia da Competência, chamada também de *capacitismo*, a qual pressupõe uma ordem organizacional em que se privilegia aqueles que o mercado considera mais aptos a cumprir determinadas funções sociais e profissionais.

> Esse discurso competente exige que interiorizemos suas regras e valores, se não quisermos ser considerados lixo e detrito. É essa modalidade da competência que aprece na fixação de um modelo de ser humano sempre jovem, saudável e feliz, produzido e difundido pela publicidade e pela moda, que prometem juventude (com os cosméticos por exemplo), saúde (com a "malhação", por exemplo), a felicidade (com as mercadorias que garantem sucesso). (Chaui, 2008, p. 107)

Esse discurso provoca diversas consequências, como pessoas desempregadas ou subempregadas, que se sentem frustradas, culpando-se por sua situação numa realidade em que há desemprego em função da elevada utilização de máquinas que tornam obsoletas determinadas atividades humanas, inclusive as que exigem menos qualificação; jovens que não conquistam um diploma de curso superior e, por isso, não conseguem um bom emprego, pois as exigências são sempre além daquilo que eles conseguiram alcançar apesar de suas limitações.

Além das ideologias marxista, feminista e de competência, há outra em voga na sociedade atual. Hoje, a ideologia dominante no mundo ocidental é a ideologia de matriz cristã, mas nem sempre foi assim, porque, séculos atrás, a ideologia cristã era minoritária e perseguida. Num determinado momento histórico – Idade Média –, ela se tornou dominante e perseguiu ideologias contrárias. Hoje, numa sociedade livre, num Estado democrático de direito, é natural e desejável que haja pluralidade de pensamentos. Vivemos num mundo plural, e toda e qualquer noção absolutista deve ser vista como um retrocesso.

5.7
Caminhos para a interpretação de textos filosóficos contemporâneos

Neste último exemplo de texto filosófico, propositalmente, usaremos um texto de um filósofo não mencionado nos capítulos anteriores. O texto é do filósofo Karl Popper e versa sobre o problema do entendimento. No prefácio de sua obra *Conhecimento objetivo: uma abordagem evolutiva*, o autor afirma o seguinte:

> O fenômeno do conhecimento humano é, sem dúvida, o maior milagre do nosso universo. Ele constitui um problema que não será resolvido tão cedo e estou longe de crer que o presente volume dê sequer uma pequena contribuição para sua solução. Mas espero ter ajudado a retomar uma discussão que há três séculos fica atravancada em preliminares. Desde Descartes, Hobbes, Locke e sua escola, que inclui não apenas David Hume mas também Thomas Reid, a teoria do conhecimento humano tem sido, em grande medida, subjetivista: o conhecimento tem sido considerado como um tipo especialmente seguro de crença humana e o conhecimento científico como um tipo especialmente seguro de conhecimento humano. (Popper, 2021, p. 7)

Transcrevemos, a seguir, o trecho "O problema do entendimento", seção do Capítulo 5 da referida obra:

Dei aqui algumas razões para a existência autônoma de um terceiro mundo objetivo porque espero dar uma contribuição à teoria do entendimento ("hermenêutica"), que tem sido muito discutida por estudiosos das humanidades ("*Geisteswissenschaften*"[1], "ciências morais e mentais"). Aqui vou partir do pressuposto de que é o entendimento dos objetos pertencentes ao terceiro mundo que constitui o problema central das humanidades. Isto, ao que parece, é um afastamento radical do dogma fundamental aceito por quase todos os estudiosos das humanidades (como o termo indica), e especialmente por aqueles que estão interessados no problema do entendimento. Refiro-me, é claro, ao dogma de que os objetos de nosso entendimento pertencem principalmente ao segundo mundo, ou que, de qualquer forma, eles devam ser explicados em termos psicológicos. Deve-se admitir que as atividades ou processos cobertos pelo termo abrangente "entendimento" são atividades subjetivas ou pessoais ou "psicológicas". Elas devem ser distinguidas do desfecho (mais ou menos bem-sucedido) destas atividades, de seu resultado: o "estado final" (neste momento) do entendimento, a interpretação. Embora esta possa ser um estado subjetivo de entendimento, também pode ser um objeto do terceiro mundo, especialmente uma teoria; e este último caso é, em minha opinião, o mais importante. Considerada como um objeto do terceiro mundo, a interpretação será sempre uma teoria; por exemplo, uma explicação histórica, apoiada por uma série de argumentos e, talvez, por evidências documentais. Portanto, toda interpretação é um tipo de teoria e, como toda teoria, ela está ancorada em outras teorias e em outros objetos do terceiro mundo. E, desse modo, o problema de terceiro mundo sobre os méritos da interpretação pode ser levantado e discutido, e especialmente seu valor para nosso entendimento histórico. Mas mesmo o ato subjetivo ou o estado disposicional do "entendimento" pode ser entendido, por sua vez, somente através de

---

1 O termo alemão *geisteswissenschaften*, cuja tradução literal é *humanidades*, refere-se ao conjunto de ciências que tratam dos assuntos pertinentes a filosofia, sociologia, psicologia, antropologia, psiquiatria e ciência da religião.

suas conexões com objetos do terceiro mundo. Pois eu afirmo as três teses seguintes a respeito do ato subjetivo do entendimento. (1) Que todo ato subjetivo de entendimento está em grande medida ancorado no terceiro mundo; (2) que quase todas as considerações importantes que podem ser feitas sobre tal ato consistem em apontar suas relações com objetos do terceiro mundo; e (3) que tal ato consiste, no essencial, em operações com objetos do terceiro mundo: operamos com esses objetos quase como se fossem objetos físicos. Isto, sugiro eu, pode ser generalizado e se aplica a todo ato subjetivo de "conhecimento": todas as coisas importantes que podemos dizer sobre um ato de conhecimento consistem em apontar os objetos de terceiro mundo desse ato – uma teoria ou proposição – e sua relação com outros objetos do terceiro mundo, tais como os argumentos relevantes para o problema, assim como os objetos conhecidos. (Popper, 2021, p. 305-306)

Façamos, a seguir, uma leitura analítica do texto:

a. Análise textual

São necessárias algumas perguntas iniciais. A primeira delas é sobre quem é o autor do texto. Na edição brasileira de 1972 de seu livro *A lógica da pesquisa científica*, encontramos os seguintes dados biográficos a seu respeito:

> Karl Raimund Popper nasceu aos 28 de julho de 1902, em Himmelhof, um distrito de Viena. [...] Popper tornou-se conhecido em quase todo o mundo, vendo suas obras traduzidas para diversos idiomas–inclusive o português, em que se encontra o seu livro *A sociedade democrática e seus inimigos*, título que a Editora Itatiaia deliberou atribuir ao *The open society and its ennemies* (de 1945), [...]. Sua fama decorre de seus livros e artigos, muitos dos quais polêmicos e estimulantes, em que se revela um dos pensadores mais fecundos de nosso tempo, digno sucessor de Kant e Russell, e que só tem uns poucos rivais de nota, como Carnap e Quine, autores de obras igualmente estimulantes. (Hegenberg, 1972, p. 15)

Nesses dados biográficos, também consta a informação de que Popper integrou o Círculo de Viena.

Popper entrou em contato com o Círculo de Viena entre 1926 e 27, através de um panfleto escrito por seu mestre Hans Hahn, de uma conferência pronunciada em Viena por Otto Neurath e das obras de Carnap e Wittgenstein. Interessando-se pelas questões discutidas nas obras desses autores, Popper debateu-as com Gomperz, que lê seus manuscritos e o apresenta a Viktor Kraft (não tem parentesco, ao que se saiba, com Julius Kraft). Viktor Kraft também ouviu os comentários de Popper e se impressionou com algumas críticas que fez ao neopositivismo de Viena. (Hegenberg, 1972, p. 17)

A segunda pergunta seria sobre quais são as principais obras do autor. Popper publicou *Lógica da pesquisa científica* (1934), *A sociedade aberta e seus inimigos* (1945), *A miséria do historicismo* (1957), *Conjecturas e refutações* (1963) e *Lógica da descoberta científica* (1973).

Notabilizou-se por sua contribuição na área de epistemologia e pelas críticas políticas e também preocupou-se com o relacionamento entre conhecimento científico e filosofia. Para ele, o conhecimento científico é fruto de experiência individual e que não pode ser resultado de observações indutivas. Atribui-se a ele a formulação do método hipotético dedutivo.

A terceira pergunta seria sobre qual o contexto intelectual do autor. Popper viveu durante e depois das duas grandes guerras mundiais. Quando Hitler invadiu a Áustria, Popper viu-se obrigado a mudar-se para a Austrália, onde viveu por algum tempo. Em 1949, visitou os Estados Unidos, a convite da Universidade de Harvard. Retornando a Londres alguns anos depois, lecionou lógica e metodologia da ciência na Universidade de Londres, até sua aposentadoria. Popper faleceu na cidade de Kenley, na Inglaterra, em 1994.

b. Etapa de análise temática

Em *Conhecimento objetivo: uma abordagem evolutiva*, produzida por ele em 1945, Popper objetiva quebrar uma tradição que remonta a Aristóteles, a tradição da tese do conhecimento objetivo. Segundo Popper (1975, p. 7):

> Os ensaios neste livro quebram com uma tradição que pode ser traçada desde Aristóteles – a tradição dessa teoria do conhecimento do senso comum. Sou um grande admirador do senso comum que, afirmo, é essencialmente autocrítico. Mas ao mesmo tempo em que estou preparado para defender até o fim a verdade essencial do realismo de senso comum, considero a teoria do conhecimento do senso comum um engano subjetivista. Esse engano tem dominado a filosofia ocidental. Eu fiz uma tentativa de erradicá-lo e de substituí-lo por uma teoria objetiva de conhecimento essencialmente conjectural. Esta pode ser uma alegação ousada, mas eu não vou pedir desculpas por isso.

Popper (1975, p. 7) chama o subjetivismo de *asneira* e afirma que tem "tentado erradicá-la e substituí-la por uma teoria objetiva do conhecimento, essencialmente conjectural. Isto pode ser uma pretensão audaciosa, mas não peço desculpas por ela" (Popper, 1975, p. 7).

A teoria defendida por Popper, em substituição à teoria objetivista, enfatiza o ato subjetivo do conhecimento e compõe-se de três teses: 1) todo ato subjetivo de entendimento está em grande medida ancorado no terceiro mundo; 2) quase todas as considerações importantes que podem ser feitas sobre tal ato consistem em apontar suas relações com objetos do terceiro mundo; 3) tal ato consiste, no essencial, em operações com objetos do terceiro mundo: operamos com esses objetos quase como se fossem objetos físicos (Popper, 2021).

c. Análise interpretativa

Na etapa interpretativa, precisamos identificar termos desconhecidos no texto. Na primeira linha da citação, encontramos uma expressão que precisa ser aclarada: *terceiro mundo objetivo*. O que essa expressão significa para Popper?

Em seus ensaios anteriores, podemos encontrar uma resposta satisfatória. No primeiro capítulo da quarta parte de seu livro *Conhecimento objetivo: uma abordagem evolucionária*, Popper (2021) aborda o tema pluralismo e o princípio dos três mundos. Segundo ele, o conceito platônico de mundo das ideias foi um passo significativo na elaboração de sua noção de três mundos objetivos distintos. Essas noções, segundo ele, também estão presentes nos ensinos de outros filósofos importantes, como "os estoicos e alguns modernos como Leibniz, Bolzano e Frege" (Popper, 2021, p. 293).

A teoria de Popper a respeito da existência de pluralidade de mundos afirma que há, pelo menos, três mundo "ontologicamente distintos" (Popper, 2021, p. 295). O primeiro desses mundos é o mundo físico, o segundo é o mundo mental, ou "mundos dos estados mentais", e o terceiro é o mundo das inteligências ou "das ideias no sentido objetivo" (Popper, 2021, p. 295). Esse terceiro mundo "é o mundo dos objetos de pensamento possíveis: o mundo das teorias em si e de suas relações lógicas; dos argumentos em si; e das situações de problema em si" (Popper, 2021, p. 295).

A identificação do terceiro mundo objetivo nos ajuda a compreender o que Popper quis dizer a respeito dos outros dois mundos que o antecedem logicamente.

d. Problematização

Se admitimos que Popper tem razão em defender sua tese de pluralidade de mundos distintos no conhecimento objetivo, surge, então, um problema que requer reflexão e solução: Como se dá a relação entre os mundos objetivos?

Popper (2021, p. 295) responde:

> Um dos problemas fundamentais desta filosofia pluralista envolve a relação entre estes três "mundos". Os três mundos são tão relacionados

que os dois primeiros podem interagir e que os dois últimos podem interagir. Assim, o segundo mundo, o mundo das experiências subjetivas ou pessoais, interage com cada um dos outros dois mundos. O primeiro mundo e o terceiro mundo não podem interagir, salvo através da intervenção do segundo mundo, o mundo das experiências subjetivas ou pessoais.

Popper estabelece, assim, o critério de relação entre os mundos objetivos da filosofia pluralista de conhecimento. Vale ressaltar que Popper está empenhado em refutar a teoria aristotélica que exclui a possibilidade de um terceiro mundo objetivo ao elaborar uma teoria objetiva de conhecimento em que há apenas dois mundos objetivos: 1) o mundo dos objetos cognoscíveis e 2) o mundo dos seres cognoscentes, no caso, o ser humano.

e. Reelaboração reflexiva

Popper está reforçando uma antiga teoria, a teoria platônica de conhecimento, e, despindo-a de sua roupagem religiosa, admite a existência de três mundos objetivos envolvidos no processo de entendimento. Essa teoria tem implicações profundas na epistemologia.

Se Popper tem razão, devemos abandonar a concepção aristotélica e admitir que tanto o filósofo de Estagira como seus adeptos (incluindo Tomás de Aquino) militaram em grave engano e desvirtuaram a epistemologia, encaminhando-a a um "engano subjetivista". Popper está sendo coerente e consistente em sua tese? Para responder a essa questão, julgamos necessário que se leia a obra completa.

Síntese

Neste capítulo, mostramos que a modernidade deu lugar a uma nova forma de fazer filosofia, com parâmetros bem diversos aos usados pelos filósofos dessa época. As grandes guerras mundiais mudaram não somente o cenário político-geográfico mundial, mas, e principalmente, o modo de refletirmos sobre a vida humana.

Vimos que os filósofos contemporâneos debruçaram-se sobre questões angustiosas a respeito da existência e da essência, como elas se relacionam e qual é determinante na maneira de enxergarmos a vida em circunstâncias adversas e incontroláveis.

A filosofia da mente surgiu nesse período e assumiu para si tanta importância que muitos pensadores chegaram a dizer que a filosofia contemporânea é a filosofia da mente e da linguagem.

As ideologias, surgidas na esteira da adoção da teoria crítica da Escola de Frankfurt, ganharam espaço nas reflexões filosóficas contemporâneas. Tudo isso tem contribuído para que a filosofia obtenha, a cada dia, mais importância para a vida em sociedade.

Atividades de autoavaliação

1. Assinale a alternativa que indica corretamente a visão de Marilena Chaui (1997) sobre a filosofia contemporânea:
   a) A filosofia contemporânea foi marcada pela derrocada do empirismo e pela vitória do racionalismo cartesiano.
   b) A filosofia contemporânea foi o clímax de um desenvolvimento que culminou no criticismo de Kant.
   c) A filosofia contemporânea mostrou a genialidade de Nietzsche e de Heidegger.

d) A filosofia contemporânea foi reduzida às teorias do conhecimento, da ética e da epistemologia.

e) A filosofia contemporânea é uma retomada, de forma contextual, dos grandes temas da filosofia grega antiga.

2. Assinale a alternativa que indica corretamente o que o existencialismo defende:
   a) A essência precede a existência.
   b) A existência precede a essência.
   c) A essência define a existência.
   d) A essência constrói a existência.
   e) Essência e existência são a mesma coisa.

3. Assinale a alternativa correta sobre o que o estruturalismo proclama:
   a) A morte do homem em nome das estruturas profundas e inconscientes.
   b) A liberação do homem diante das exigências das estruturas sociais.
   c) A submissão das estruturas sociais aos ideais dos sujeitos sociais.
   d) A superação do homem em relação à sociedade e suas instituições.
   e) A assimilação integral do homem pela estrutura e suas instituições.

4. Assinale a alternativa correta sobre a filosofia da linguagem:
   a) A filosofia da linguagem reconhece que sentimentos e impressões excedem a capacidade de expressão da linguagem.
   b) Segundo essa área da filosofia, o homem não consegue comunicar adequadamente o que é bom e o que é mau.
   c) A filosofia da linguagem atribui ao homem a faculdade de influenciar e ser influenciado pela expressão de suas emoções, seus esforços, suas vontades e seus atos.

d) Para essa área da filosofia, ideias, valores e sentimentos são de natureza subjetiva e não podem ser expressos objetivamente em palavras.

e) A filosofia da linguagem preocupa-se com a forma como a humanidade se comunica com a inteligência artificial.

5. Assinale a alternativa correta sobre a teoria crítica:
   a) A teoria crítica amplia os pressupostos da teoria tradicional.
   b) A teoria crítica admite que a teoria tradicional pode ser usada como ferramenta para análises sociais.
   c) A teoria crítica limita-se a descrever a realidade como algo exterior ao observador e separa o saber do agir.
   d) Trata-se de uma teoria socialista e materialista, cuja tônica é a teoria da sociedade como um todo.
   e) A teoria crítica é uma releitura da obra *A riqueza das nações*, de Adam Smith.

6. Assinale a alternativa que indica uma definição correta de *ideologias*:
   a) São um conjunto de ideias que pretendem explicar a totalidade dos fenômenos naturais e humanos.
   b) São um conjunto de pressupostos em voga em um determinado momento histórico de uma sociedade puramente materialista.
   c) São um conjunto de ideias aceitas por um grupo de acadêmicos especializados em teoria crítica.
   d) São um conjunto de ideias contrapostas e harmonizadas numa cosmovisão unificada.
   e) São um conjunto de ideias que reforçam a necessidade de controle das mídias sociais.

Atividades de aprendizagem

Questões para reflexão

1. Com base nos estudos deste capítulo sobre a filosofia da mente, que defende corpo e mente como realidades distintas, reflita sobre como se constrói a relação entre corpo e mente e quais as possibilidades dessa relação. Como podemos distinguir mente e corpo? O que os torna distintos? Elabore um texto escrito, de até 20 linhas, com suas reflexões e comente-as com seu grupo de estudo.

2. As ideologias nascem em um ambiente de protesto em relação a outra ideologia dominante. O que causa essa tendência à mudança contínua de modo de viver e de se relacionar com a realidade? Por que uma ideologia sempre encontra resistência em sua fase inicial? Justifique sua resposta em um texto escrito de até 30 linhas. Procure exemplos nas mídias sociais que ilustrem o que é uma ideologia, como ela funciona e como se estabelece.

Atividade aplicada: prática

3. No Capítulo 10 do livro *Convite à filosofia*, de Marilena Chaui (2000), há um tópico sobre ideologia (p. 538-541) e como ela se estabelece. Leia o tópico e, com base na sua compreensão, elabore um questionário com cinco perguntas sobre o tema, aplicando-o a alguns jovens estudantes do ensino médio. Com base nas respostas, identifique as dúvidas que elas revelam e elabore uma apresentação para aprofundar a compreensão desses estudantes.

CHAUI, M. **Convite à filosofia**. 12. ed. São Paulo: Ática, 2000. Disponível em: <https://edisciplinas.usp.br/pluginfile.php/533894/mod_resource/content/1/ENP_155/Referencias/Convitea-Filosofia.pdf>. Acesso em: 12 fev. 2024.

considerações finais

A o terminar este livro, desejamos enfatizar que a leitura, a compreensão e a produção de textos filosóficos é um processo que pode levar a vida toda, uma construção que parte da fundação, que implica a capacidade de ler corretamente e se estende à disciplina e ao esforço de compreender o que se leu por meio de atividades que exigem concentração e foco.

Não é possível ler e compreender um texto filosófico lendo-o desinteressadamente, como se estivesse em uma leitura apenas para relaxar de um dia cheio de trabalho. A compreensão exige leitura atenta e minuciosa. Ao ler um texto filosófico, devemos ter à nossa disposição ferramentas que nos auxiliarão a identificar os contextos, as razões e as intenções do autor, a quem ou a que ele reagia e que resposta ele deu aos problemas intelectuais de seus dias.

O conhecimento a respeito da história da filosofia ajuda a identificar muitos elementos que compõem os textos filosóficos. Cada pensador foi fruto de seu tempo e ofereceu respostas ao seu mundo. Os filósofos pioneiros preocuparam-se com as origens do mundo, enquanto os clássicos antigos ampliaram a discussão e mudaram o foco para o homem e suas relações com o mundo. Os helenistas mudaram o eixo do indivíduo para o coletivo. Os medievais, influenciados pela fé cristã, enfatizaram a intervenção divina nos destinos da humanidade. Os modernos romperam com toda a visão teocêntrica e colocaram seus holofotes no homem novamente, agora como ator incontestável de seu próprio destino. Os contemporâneos tiveram de resgatar a filosofia dos emaranhados caminhos que os modernos trilharam. Duas grandes guerras mudaram o mundo e fizeram-no múltiplo e difuso.

Cada era tem sua contribuição e cada pensador deu um passo além de seu predecessor. Hoje, a filosofia mantém uma relação de diálogo interdisciplinar e intertextual. As novas ciências disputam espaço com a filosofia, cuja missão é ser um saber do todo, uma modalidade de saber humano que julga a legitimidade de todos os demais saberes, inclusive, a si mesma.

Ler, compreender e produzir textos filosóficos é uma tarefa árdua, angustiosa até, mas necessária e compensatória. Nosso intuito ao produzir este livro foi o de fornecer bases para quem deseja conhecer mais a respeito da filosofia em si e de como proceder na leitura proveitosa e na produção que seja agradável e instrutiva aos leitores que tiverem contato com esses textos.

referências

ABBAGNANO, N. **Dicionário de filosofia**. Tradução de Alfredo Bosi e Ivone Castilho Benedetti. 5. ed. São Paulo: Martins Fontes, 2007.

ABBAGNANO, N. **História da filosofia**. Lisboa: Editorial Presença, 1970a. v. IV.

ABBAGNANO, N. **História da filosofia**. Lisboa: Editorial Presença, 1970b. v. V.

ABBAGNANO, N. **História da filosofia**. Lisboa: Editorial Presença, 1970c. v. VI.

ABBAGNANO, N. **História da filosofia**. Lisboa: Editorial Presença, 1970d. v. XIV.

ABBAGNANO, N. **História da filosofia**. Tradução de Antônio Ramos Rosa et al. Lisboa: Editorial Presença, 2003a. v. X.

ABBAGNANO, N. **História da filosofia**. Tradução de Antônio Ramos Rosa et al. Lisboa: Editorial Presença, 2003b. v. XI.

ABREU, A. S. **A arte de argumentar**: gerenciando razão e emoção. São Paulo: Ateliê Editorial, 2010. Edição do Kindle.

ADLER, M. J. **Aristóteles para todos**: uma introdução simples a um pensamento complexo. Tradução de Pedro Sette-Câmara. São Paulo: É Realizações, 2010.

AGOSTINHO, Santo. **Confissões**. Tradução de Maria Luiza Jardim Amarante. 10. ed. São Paulo: Paulus, 1984.

AGOSTINHO, Santo. **Obras completas**: Parte 1. Tradução de Patrícia Francisco. São Paulo: Vic Books, 2021. Edição do Kindle.

ALTHUSSER, L. **Ideologia e aparelhos ideológicos de Estado**. 3. ed. Tradução de Joaquim José de Moura Ramos. Lisboa: Editorial Presença; São Paulo: Martins Fontes, 1980.

ANTUNES, I. **Lutar com palavras**: coesão e coerência. São Paulo: Parábola, 2020.

ARAÚJO, M. H. de. **A singularidade da teoria da prudência na ética nicomaqueia de Aristóteles**. 117 f. Dissertação (Mestrado em Filosofia) – Universidade Estadual Paulista, Marília, 2020. Disponível em: <https://philpapers.org/archive/DEAASD-2.pdf>. Acesso em: 15 fev. 2024.

ARISTÓTELES. **A arte poética**. Tradução de Pietro Nasseti. São Paulo: Martin Claret, 2003.

ARISTÓTELES. Ética a Eudemo. Tradução de Edson Bini. São Paulo: Edipro, 2015.

ARISTÓTELES. Ética a Nicômaco. Tradução de Antonio de Castro Caeiro. São Paulo: Atlas, 2009.

ARISTÓTELES. Metafísica (Livros I e II), Ética a Nicômaco e Poética. Tradução de Vicenzo Coceo, Leonel Valandro, Gerd Bornheim e Eudoro de Souza. São Paulo: Abril, 1984. (Coleção Os Pensadores).

ARISTÓTELES. Metafísica. Tradução de Giovanni Reali e Marcelo Perine. 5. ed. São Paulo: Loyola, 2002. (Texto grego com tradução ao lado, v. II).

ARISTÓTELES. Política. Tradução de Maria Aparecida de Oliveira Silva. São Paulo: Edipro, 2019.

AUBENQUE, P. A prudência em Aristóteles. Tradução de Marisa Lopes. São Paulo: Discurso Editorial, 2008.

BARROS FILHO, C.; MEUCCI, A. A vida que vale a pena ser vivida. Petrópolis: Nobilis, 2017.

BAZZANELLA, S. L.; SANTOS, R. A. M. Linguagem, filosofia, literatura e poesia no pensamento de Giorgio Agamben. Revista Reflexões, Fortaleza, v. 7, n. 12, p. 90-106, jan./jun. 2018. Disponível em: <https://revistareflexoes.com.br/wp-content/uploads/2018/01/6.1-Sandro-Bozanela.pdf>. Acesso em: 14 fev. 2024.

BELO, R. dos S. Filosofia e literatura em Jean-Paul Sartre: "vizinhança comunicante" e "ressonância ética" como ferramentas interpretativas. Revista Eleuthería, v. 5, n. 9, p. 58-79, dez. 2020. Disponível em: <https://periodicos.ufms.br/index.php/reveleu/article/view/12001/8652>. Acesso em: 14 fev. 2024.

BENSON, H. H. Metodologia da dialética. In: BENSON, H. H. (Ed.). **Platão**. Tradução de Vera Porto Carrero. Rio de Janeiro: Forense Universitária, 1993. p. 140-161.

BÍBLIA (Antigo Testamento). Provérbios. Português. **Bíblia Online**. Tradução de Almeida Revista e Atualizada. cap. 6, vers. 6. Disponível em: <https://www.bibliaonline.com.br/ara/busca?q=vai+ter+com+a+formiga>. Acesso em: 22 mar. 2024.

CAIRNS, E. E. **Cristianismo através dos séculos**: uma história da Igreja cristã. Tradução de Israel Belo de Azevedo. São Paulo: Vida Nova, 1995.

CARNAÚBA, M. É. C. Sobre a distinção entre teoria tradicional e teoria crítica em Max Horkheimer. **Revista Kínesis**, v. II, n. 3, p. 195-204, abr. 2010. Disponível em: <https://www.marilia.unesp.br/Home/RevistasEletronicas/Kinesis/14_MariaErbiaCassiaCarnauba.pdf>. Acesso em: 15 fev. 2024.

CASERTANO, G. **Uma introdução à *República* de Platão**. Tradução de Maria da Graça Gomes de Pina. São Paulo: Paulus, 2011.

CHAMPLIN, R. N.; BENTES, J. M. **Enciclopédia de Bíblia**: teologia e filosofia. Tradução e colaboração Manuel Bentes. São Paulo: Candeia, 1995a. v. 4.

CHAMPLIN, R. N.; BENTES, J. M. **Enciclopédia de Bíblia**: teologia e filosofia. Tradução e colaboração de Manuel Bentes. São Paulo: Candeia, 1995b. v. 5.

CHAUI, M. **Convite à filosofia**. 8. ed. São Paulo: Ática, 1997.

CHAUI, M. **Convite à filosofia**. 12. ed. São Paulo: Ática, 2000.

CHAUI, M. **O que é ideologia**. 2. ed. São Paulo: Brasiliense, 2008.

CIVITA, V. (Org.). **Os pré-socráticos**: vida e obra. São Paulo: Nova Cultural, 1996. (Coleção Os Pensadores, v. 1).

CONCEITO. In: **Michaelis**: Dicionário Brasileiro da Língua Portuguesa. Disponível em: <https://michaelis.uol.com.br/moderno-portugues/busca/portugues-brasileiro/Conceito/>. Acesso em: 15 fev. 2024.

CORREA, V. L. Texto e textualidade. In: CORREA, V. L. et al. **Teorias do texto**. Curitiba: InterSaberes, 2013. p. 9-20.

DELEUZE, G. **Conversações (1972-1990)**. Tradução de Peter Pál Pelbart. São Paulo: Editora 34, 1992.

DESCARTES, R. **Descartes essencial**: O discurso do método, Meditações metafísicas e Paixões da alma. São Paulo: LeBooks, 2021.

DESCARTES, R. **Meditações metafísicas**. Tradução de Maria Ermantina Galvão. São Paulo: Martins Fontes, 2005.

ENGELMANN, A. A.; TREVISAN, F. C. **Leitura e produção de textos filosóficos**. Curitiba: InterSaberes, 2015.

FÁVERO, L. L. **Coesão e coerência textuais**. São Paulo: Ática, 2009.

FOUCAULT, M. **Microfísica do poder**. Tradução de Roberto Machado. 11. ed. São Paulo: Paz e Terra, 2021.

FOUCAULT, M. **Vigiar e punir**: nascimento da prisão. Tradução de Lígia M. Ponde Vassalo. Petrópolis: Vozes, 1977.

FRANCA, L. **Noções de história da filosofia**. Campinas: Calvariae, 2020.

GALVÃO, P. (Org.). **Filosofia**: uma introdução por disciplinas. Lisboa: Edições 70, 2012.

GEISLER, N. L.; FEINBERG, P. D. **Introdução à filosofia**: uma perspectiva cristã. Tradução de Gordon Chown. São Paulo: Vida Nova, 1989.

GEORGE, T. **Teologia dos reformadores**. Tradução de Gerson Dudus e Valéria Fontana. São Paulo: Vida Nova, 1993.

GILSON, E. A filosofia na Idade Média. Tradução de Eduardo Brandão. 3. ed. São Paulo: Martins Fontes, 2013.

HEGENBERG, L. Dados biográficos de Karl Popper. In: POPPER, K. A lógica da pesquisa científica. Tradução de Leonidas Hegenberg e Octanny Silveira da Mota. São Paulo: Cultrix, 1972. p. 15-19.

HUNNEX, M. Filósofos e correntes filosóficas em gráficos e diagramas. Tradução de Alderi S. Matos. São Paulo: Vida, 2003.

JAEGER, W. Paideia: a formação do homem grego. Tradução de Arthur M. Parreira. São Paulo: Martins Fontes, 1995.

JASPERS, K. Introdução ao pensamento filosófico. Tradução de Leonidas Hegenberg e Octanny Silveira da Mota. 19. ed. São Paulo: Cultrix, 2011.

JUSTINO de Roma. I e II Apologias e Diálogo com Trifão. São Paulo: Paulus, 1995. (Coleção Patrística, v. 3).

KAHN, C. Platão e a reminiscência. In: BENSON, H. H. (Ed.). Platão. Tradução de Vera Porto Carrero. Rio de Janeiro: Forense Universitária, 1993. p. 186-208.

KANT, I. Crítica da razão pura. Tradução de Lucimar A. Coghi Anselmi e Fulvio Lubisco. São Paulo: Martin Claret, 2009.

KITTEL, G.; FRIEDRICH, G. (Ed.). Theological Dictionary of the New Testament. Second Edition. Grand Rapids, Michigan: Eerdmans Publishing Company, 1995. v. IX.

LACOUR, P.; ALMEIDA, M. C. P. de; TEDEIA, G. Manual de introdução à prática filosófica. Brasília: Editora UnB, 2020. (Série Ensino de Graduação). Disponível em: <https://livros.unb.br/index.php/portal/catalog/view/69/245/942>. Acesso em: 15 fev. 2024.

LAÊRTIOS, D. **Vidas e doutrinas dos filósofos ilustres**. Tradução de Mário da Gama Cury. 2. ed. Brasília: UnB, 1987.

LEÃO, D. F.; FERREIRA, J. R.; FIALHO, M. do C. **Cidadania e Paideia na Grécia Antiga**. Coimbra: Centro de Estudos Clássicos e Humanísticos, 2010. (Coleção Autores gregos e latinos).

LECLERC, A. **Uma introdução à filosofia da mente**. Curitiba: Appris, 2018.

LOCKE, J. **Carta sobre a tolerância** Tradução de Adail Sobral. Petrópolis: Vozes, 2019

LOCKE, J. **Dois tratados do governo civil**. São Paulo: Edições 70, 2006.

LOCKE, J. **Ensaio acerca do entendimento humano**. Tradução de Anoar Aiex. São Paulo: Nova Cultural, 1999. (Coleção Os pensadores).

MARCUSE, H. **Eros e civilização**: uma interpretação filosófica do pensamento de Freud. Tradução de Álvaro Cabral. 8. ed. Barueri: LTC, 1982.

MARTINS FILHO, I. G. **Manual esquemático de filosofia**. 4. ed. São Paulo: LTr, 2010.

MATOS, A. S. de. **A caminhada cristã na história**: a Bíblia, a Igreja e a sociedade ontem e hoje. Viçosa: Ultimato, 2005.

MATOS, A. S. de. **Fundamentos da teologia histórica**. São Paulo: Mundo Cristão, 2008.

MONDIN, B. **Introdução à filosofia**: problemas, sistemas, autores e obras. Tradução de J. Renard. São Paulo: Paulus, 1981.

MORAES, D. **O logos em Fílon de Alexandria**: a fronteira entre o pensamento grego e o pensamento cristão nas origens da teologia bíblica. Natal: EDUFRN, 2017.

NIETZSCHE, F. **A gaia ciência**. Tradução de Paulo Cézar de Souza. São Paulo: Companhia de Bolso, 2012.

NIETZSCHE, F. **A genealogia da moral**. Tradução de Mário Ferreira dos Santos. Petrópolis: Vozes, 2009.

NIETZSCHE, F. **Assim falou Zaratustra**. Tradução de Paulo César de Souza. São Paulo: Companhia de Bolso, 2018.

NIETZSCHE, F. **Nietzsche**. São Paulo: Abril Cultural, 1983. (Coleção Os Pensadores).

PADRES APOLOGISTAS. **Carta a Diogneto, Aristides de Atenas, Taciano, o Sírio, Atenágoras de Atenas, Teófilo de Antioquia, Hermias, o filósofo**. São Paulo: Paulus, 2014. (Coleção Patrística, v. 2).

PERUZZO JÚNIOR, L.; VALLE, B. Ludwig Wittgenstein: mundo, linguagem e sentido. In: PERUZZO JÚNIOR; VALLE, B. (Org.). **Filosofia da linguagem**. Curitiba: PUCPRess, 2020a. p. 83-104.

PERUZZO JÚNIOR, L.; VALLE, B. Prefácio à 1ª edição. In: PERUZZO JÚNIOR, L.; VALLE, B. (Org.). **Filosofia da linguagem**. Curitiba: PUCPRess, 2020b. p. 7-8.

PERUZZO JÚNIOR, L.; VALLE, B. (Org.). Prefácio à 2ª edição. In: PERUZZO JÚNIOR, L.; VALLE, B. (Org.). **Filosofia da linguagem**. Curitiba: PUCPRess, 2020c. p. 9-10.

PESSANHA, J. A. M. Aristóteles: vida e obra. In: ARISTÓTELES. **Ética a Nicômaco**. Tradução de Leonel Vallandro e Gerd Bornheim. São Paulo: Nova Cultural, 1987. p. 7-17. (Coleção Os pensadores).

PESSANHA, J. A. M. **Platão**. 5. ed. São Paulo: Nova Cultural, 1991. (Coleção Os Pensadores).

PIMENTA, A. Proximidades entre filosofia e literatura. **Revista Humanidades e Inovação**, v. 6, n. 1, p. 9-27, jan. 2019. Disponível em: <https://revista.unitins.br/index.php/humanidadeseinovacao/article/view/1133>. Acesso em: 15 fev. 2024.

PLATÃO. **Apologia de Sócrates**. Tradução de André Malta. Novo Hamburgo: L&PM Pocket, 2008.

PLATÃO. **A República**. Tradução de Maria Helena da Rocha Pereira. 9. ed. Lisboa: Fundação Calouste Gulbenkian, 1949.

PLATÃO. **A República**. Tradução de Enrico Corvisieri. São Paulo: Círculo do Livro, 1997.

PLATÃO. **As grandes obras**. Tradução de Carlos Alberto Nunes, Maria Lacerda de Souza e A. M. Santos. Campinas: Mimética, 2019. Edição do Kindle.

PLATÃO. **Diálogos VI**: Crátilo, Cármides, Laques, Ion, Menexeno. Tradução de Edson Bini. São Paulo: Edipro, 2010a.

PLATÃO. **Fédon**. Tradução de Anderson de Paula Borges. Petrópolis: Vozes, 2022. (Coleção Vozes de Bolso).

PLATÃO. **Fedro**. Tradução de Alex Marins. São Paulo: Martin Claret, 2011.

PLATÃO. **Fedro**. Tradução de Maria Cecília G. dos Reis. São Paulo: Penguin Classics; Companhia das Letras, 2016.

PLATÃO. **Mênon**. Tradução de Maura Iglésias. Rio de Janeiro: Ed. PUC-Rio; São Paulo: Edições Loyola, 2001. (Coleção Bibliotheca Antiqua).

PLATÃO. **Os diálogos**: O banquete, Fédon, Sofista, Político. Tradução de José Cavalcante de Souza, Jorge Paleikat e João Cruz Costa. 5. ed. São Paulo: Nova Cultural, 1991. (Coleção Os Pensadores).

PLATÃO. **Teeteto**. Tradução de Adriana Manuela Nogueira e Marcelo Boeri. 3. ed. Lisboa: Fundação Calouste Gulbenkian, 2010b.

PONDÉ, L. F. **Como aprendi a pensar**: filósofos que me formaram. São Paulo: Planeta do Brasil, 2019.

POPPER, K. R. **A lógica da pesquisa científica**. Tradução de Leonidas Hegenberg e Octanny Silveira da Mota. São Paulo: Cultrix, 1972.

POPPER, K. R. **Conhecimento objetivo**: uma abordagem evolucionária. Tradução de Milton Amado. São Paulo: Edusp, 1975.

POPPER, K. R. **Conhecimento objetivo**: uma abordagem evolutiva. Tradução de Bruno Mendes dos Santos. Petrópolis: Vozes, 2021. (Coleção Pensamento Humano).

PRIOR, W. J. O problema socrático. In: BENSON, H. H. (Ed.). **Platão**. Tradução de Vera Porto Carrero. Rio de Janeiro: Forense Universitária, 1993. p. 54-71.

REALE, G.; ANTISERI, D. **História da filosofia**: de Freud à atualidade. Tradução de Ivo Storniolo. São Paulo: Paulus, 2006a. (Coleção História da Filosofia, v. 7).

REALE, G.; ANTISERI, D. **História da filosofia**: de Nietzsche à Escola de Frankfurt. Tradução de Ivo Storniolo. São Paulo: Paulus, 2006b. (Coleção História da Filosofia, v. 1).

REALE, G.; ANTISERI, D. **História da filosofia**: de Spinoza a Kant. Tradução de Ivo Storniolo. São Paulo: Paulus, 2005a. (Coleção História da Filosofia, v. 4).

REALE, G.; ANTISERI, D. **História da filosofia**: do humanismo a Descartes. Tradução de Ivo Storniolo. São Paulo: Paulus, 2004. (Coleção História da Filosofia, v. 3).

REALE, G.; ANTISERI, D. **História da filosofia**: do romantismo ao empiriocriticismo. Tradução de Ivo Storniolo. São Paulo: Paulus, 2005b. (Coleção História da Filosofia, v. 5).

REALE, G.; ANTISERI, D. História da filosofia: do romantismo até nossos dias. Tradução de Ivo Storniolo. São Paulo: Paulus, 1991. (Coleção Filosofia, v. 3).

REALE, G.; ANTISERI, D. História da filosofia: filosofia pagã antiga. Tradução de Ivo Storniolo. São Paulo: Paulus, 2003a. (Coleção História da Filosofia, v. 1).

REALE, G.; ANTISERI, D. História da filosofia: patrística e escolástica. Tradução de Ivo Storniolo. São Paulo: Paulus, 2003b. (Coleção História da Filosofia, v. 2).

ROSS, D. A teoria das ideias de Platão. Tradução de Marcus Reis Pinheiro. Rio de Janeiro: Ed. da UFRJ, 2008.

RUSSEL, B. História da filosofia ocidental: livro primeiro. Tradução de Brenno Silveira. São Paulo: Companhia Editora Nacional, 1957.

RUSSEL, B. Pensamento ocidental: a aventura dos pré-socráticos a Wittgenstein. Tradução de Laura Alves e Aurelio Rebello. Rio de Janeiro: Ediouro, 2002.

SACRINI, M. Introdução à análise argumentativa: teoria e prática. São Paulo: Paulus, 2016. (Coleção Lógica).

SARAMAGO, J. O conto da ilha desconhecida. São Paulo: Companhia das Letras, 1998.

SERAFINI, M. T. Como escrever textos. Tradução de Maria Augusta Bastos de Matos. 7. ed. São Paulo: Globo, 1995.

SEVERINO, A. J. Como ler um texto de filosofia. São Paulo: Paulus, 2014. (Coleção Como ler filosofia).

STEWART, J. A. Notes on the Nichomachean Ethics of Aristotle. Sterling, Virgínia, USA: Thoemmes Press US Office, [1892] 1999. v. I.

TEIXEIRA, J. de F. **Como ler filosofia da mente**. São Paulo: Paulus, 2014.

TIBURI, M. Quem tem medo de Simone de Beauvoir? **Cult**, 22 jul. 2015. Disponível em: <https://revistacult.uol.com.br/home/quem-tem-medo-de-simone-de-beauvoir/>. Acesso em: 15 fev. 2024.

TILLICH, P. **Perspectivas da teologia protestante nos séculos XIX e XX**. Tradução de Jaci Maraschin. 3. ed. São Leopoldo: Aste, 2004.

TOMÁS DE AQUINO, São. **Questões discutidas sobre a verdade**. Uberlândia: Família Católica, 2019. Edição do Kindle.

VERGNIÈRES, S. **Ética e política em Aristóteles**: physis, ethos, nomos. Tradução de Constança Marcondes Cesar. São Paulo: Paulus, 1998.

XENOFONTES. **Memoráveis**. Tradução de Ana Elias Pinheiro. Coimbra: Fundação Calouste Gulbenkian, 2009. Disponível em: <https://www.filosofianoar.com.br/site/conteudo_txt.php?id=224&idioma=1>. Acesso em: 15 fev. 2024.

ZINGANO, M. **Estudo de ética antiga**. 2. ed. São Paulo: Paulus, 2009.

ZINGANO, M. **Platão e Aristóteles**: o fascínio da filosofia. 2. ed. São Paulo: Odysseus, 2005.

ZIZEK, S. O espectro da ideologia. In: ZIZEK, S. (Org.). **Um mapa da ideologia**. Tradução de Vera Ribeiro. Rio de Janeiro: Contraponto, 1996. p. 7-38.

bibliografia comentada

ANTUNES, I. **Lutar com palavras**: coesão e coerência. São Paulo: Parábola, 2005.

Nessa obra, a doutora em Linguística pela Universidade de Lisboa, Irandé Antunes, apresenta a questão da coerência e da coesão de forma bem clara e objetiva. Ela não omite questões cruciais a respeito das temáticas da coerência e da coesão textuais. O que significa coesão textual? Quando podemos considerar um texto coeso e coerente? Antunes responde a essas questões e oferece uma contribuição valiosa para quem deseja produzir um texto em que não falte coerência e coesão. Excelente leitura para quem deseja produzir um texto bem articulado, coeso e coerente.

CHAUI, M. **Convite à filosofia**. 8. ed. São Paulo: Ática, 1997.

Introdutória e essencial aos estudos filosóficos, essa obra é imprescindível e tornou-se um marco no ensino de filosofia no Brasil. Nela, Marilena Chaui, filósofa brasileira e professora da Universidade de São Paulo, especialista nos estudos de Spinoza e de Merleau-Ponty, aborda a utilidade-finalidade da filosofia, suas origens, seu desenvolvimento e seus temas principais. Com capítulos bem definidos e organizada em oito seções, os temas estão dispostos em ordem crescente de profundidade e de compreensão da totalidade a que se destinam os estudos filosóficos. A autora examina temas importantes, como razão, verdade, conhecimento, lógica, metafísica, ciências, ética e artes, e amplia os horizontes dos leitores e pesquisadores.

FRANCA, L. **Noções de história da filosofia**. Campinas: Calvariae, 2020.

O padre Leonel Franca, fundador e primeiro reitor da Pontifícia Universidade Católica do Rio de Janeiro (PUC-RJ), realça, nessa obra, a importância da história da filosofia. Abordando desde os primórdios até às correntes filosóficas contemporâneas, o livro fornece aos leitores um panorama histórico elucidativo e abrangente. A obra é bem dividida e proporciona uma leitura repleta de informações a respeito dos principais intelectuais e ideias que moveram o mundo nos sucessivos períodos do desenvolvimento da história da filosofia.

GALVÃO, P. (Org.). **Filosofia**: uma introdução por disciplinas. Lisboa: Edições 70, 2012.

A obra é resultado de um projeto desenvolvido por membros da Sociedade Portuguesa de Filosofia, que partilharam entre si o objetivo de elaborar um guia de estudos de filosofia estruturado tematicamente, sem preocupação histórica. Nos 11 capítulos da obra, os leitores terão contato com uma defesa bem elaborada e clara da temática proposta em cada seção. Os temas são relevantes e cobrem uma gama expressiva das pesquisas filosóficas mais caras aos estudos filosóficos, como lógica, metafísica, epistemologia, filosofia política, filosofia da religião, filosofia da ciência, filosofia da linguagem, filosofia da mente, filosofia da ação, estética e filosofia da arte. Uma obra abrangente e profunda com linguagem acessível aos estudantes com relativo conhecimento da história da filosofia ocidental.

JASPERS, K. **Introdução ao pensamento filosófico**. Tradução de Leonidas Hegenberg e Octanny Silveira da Mota. São Paulo: Cultrix, 2013.

Nessa obra, Karl Jaspers, filósofo existencialista alemão e médico especialista em psicopatologia, oferece aos leitores e pesquisadores um farto material introdutório ao estudo formal de filosofia. A obra possibilita, ao iniciante nos estudos filosóficos, um panorama a respeito dos principais temas abordados na filosofia. O pensamento do autor está presente em toda a obra, sem demérito à profundidade esperada num projeto de introdução filosófica que aborde assuntos tão distintos como tempo, conhecimento, valores, opiniões, amor e morte. É uma obra profunda, bem escrita e de leitura agradável.

MONDIN, B. **Curso de filosofia**. São Paulo: Paulinas, 2001. 3 v.

Trata-se de uma obra de referência na área, organizada em três volumes, abrangendo as filosofias antiga, medieval, moderna e contemporânea. A obra é interessante, sobretudo se existir interesse no aprofundamento do estudo de um período ou de um filósofo em particular.

respostas

CAPÍTULO 1
Atividades de autoavaliação
1. c
2. b
3. a
4. d

5. b
6. c
7. c
8. b
9. c
10. d

CAPÍTULO 2

Atividades de autoavaliação

1. c
2. d
3. b
4. a
5. b
6. d

CAPÍTULO 3

Atividades de autoavaliação

1. c
2. b
3. d
4. a
5. d
6. b

CAPÍTULO 4

Atividades de autoavaliação

1. c
2. a

3. d
4. b
5. a
6. d

CAPÍTULO 5
Atividades de autoavaliação
1. d
2. b
3. a
4. c
5. d
6. a

sobre o autor

Marcos Henrique de Araújo é mestre em Teologia pelo Instituto Presbiteriano de Pós-graduação Andrew Jumper e em Filosofia pela Universidade Estadual de São Paulo (Unesp) e bacharel em Teologia pela Universidade Presbiteriana Mackenzie. Desde 2018, é pastor titular da Igreja Evangélica Livre de Valinhos, no Estado de São Paulo. É também professor das línguas bíblicas hebraico e grego.

Impressão:
Maio/2024